# 人生は気分の言語ゲームだ

山口勲

朝日出版社

# 口　元

山口　勲

どこの家庭にも、折に触れ好みに応じて手に入れた絵や像があるものだ。私の家にもあれこれとあるが、そのうちのいくつかはよく目にとめる。

ひとつは、奈良の文殊院で求めた善財童子像の写真である。童顔をなめ右に無心に合掌し、軽快な足さばきで歩む姿。童顔にひそめる利発、全身に満ちた敏捷、一分の隙もない身構え。それでいて緊張を抜くようにやや開けた口元。いくら見入っても見飽きることがない。

備中神楽の一つに、大国主命の一子、事代主命《ことしろぬしのみこと》の面がある。倉敷の漆芸家の作であるが、神話の人物であるよりも、太っ腹の商人の顔にみえるところが気に入った。小鼻が太く丸みをおびて広がっているところ、ほおの肉が厚く笑った顔のたくましさ、相手の心を読んで商談しているときのような眼。善いことも悪いことも、出すも呑み込むも自由自在にみえる俗っぽく開いた口元。これも俗世に生きる一つの達人の表情であろう。

あくびだるま像がある。生産地や来歴は定かでない。修業を積んだ高位の老僧が、大口を開けてあくびをしている姿を彫ったものだ。かつて、老神父が信者の悲痛なザンゲを衝立の向こうに座して聞きながら、大きなあくびをしている絵写真をみたことがある。洋の東西を問わず、あくびには、それぞれの体験から深くうなづいて見入るしかない。人生の深い淵をみる思いがするのである。

もうひとつは、北村西望の「笑う少女」像で、わが家にあるのはその型抜きである。左手を開いて口に当て、右手も腰の辺りでぱっと開いている。そして眼を細めて無心に笑っている。おかしくておかしくてしょうがない、といった笑いの動作である。モナリザが熟女の意味深な微笑ならば、こちらは童女の純真であどけない永遠の笑いである。心のなごむ笑いである。しかしその笑いの源は、手でかくした口元にあるように思えるのである。

# はじめに

この本は、気分をいろいろな角度から考えてみた。気分は、気分屋という言葉が指しているように、そのときどきの気分で、人格的にはマイナスのイメージがある。

しかし私は、気分の根っこを〈気根〉と名づけ、人格の元と考えてみた。この気根の位置は、だいたい、私たちが〈腹〉といっているところである。腹にグッと気を入れると、締まる部位であろう。

いま、グッと気を入れると、といったが、すでに腹には気が密接に関与している。気分が最高にいいと、私たちは、横隔膜を震るわせるのである。この語句は、転じて、抱腹絶倒する、腹を抱えて大笑いする、という意味である。

〈気〉のつく語をちょっと調べてみても、二〇〇ほど、用語や用例が出てきた。そして、人を陽性気分にするような気の用語は、横隔膜を活発に震えさせることになるし、陰性気分にするような気の用語は、横隔膜を固くする。

そうすると、気根と横隔膜は、かなり密接な関係があるのではなかろうか。そんな漠然とした発想がきっかけで、科学的な固い証拠や証明もできないような、しかしその方が真実味のあるような話を、あれこれと書いてみることにしたのである。

難しい哲学説を、多く勝手に解釈して論じてみたりしたが、難しいと思うところは飛ばして読んでいただければ、それでも私の意図は分かっていただけると思っている。読者の中に、人生は気分だ、そして一つひとつの気分は、生の根っこ（気根）から発散する、言語ゲームの要素だ、という説に共鳴して下さる方が出れば、私の気分もよくなるであろう。

私は、善悪の基準は〈身体《しんたい》〉にある、と考えている。私のいう身体とは、五体・五感・五蘊《うん》である身体、のことである。この身体をお互いに尊重し合うことが、共同・共生社会の原理である。政治、経済、法律から医療・保健まで、そして哲学・文学から芸術・芸事、祭祀からスポーツまで、社会生活はすべて、この身体の尊重を原点として成り立っているものである、と私は考えている。

したがって、繰り返せば、善悪の基準は、この身体にある。身体を保護し助成することは、すべて善であり、身体に危害を加えることは、すべて悪である。誰しも、善を増やし、悪を減らし、できるだけ人生を気分よく生きることには、もちろん賛成であろう。

二〇〇六年八月

著者

# 気分の言語ゲーム　目次

## III◉気分をめぐる思索

# I 気分の根っこ

# 1 プラス志向とマイナス志向
## ——病は気から、というからね——

気分で、プラス志向をもとうと、力んでみる。他人から、プラス志向をもてと、ハッパをかけられる。でも、どうしたら、プラス志向をもてるのか。そのきっかけとなることから、話を始めよう。

事例i　ソバカス（顔にできる茶色の小さな斑点）を、とても気にして悩んでいる15歳の少女がいた。他人の眼が気になり、人との接触に心を閉ざしがちであった。思春期なのに、人生は暗い思いであった。

ある日のこと、兄の友人が遊びにきた。少女は気乗りしない気持ちで、兄の部屋にお茶を運んだ。そして努めて表情を明るくしながら、「どうぞ」といって、すぐ戸口を出た。と、そのとき、友人の声が聞えた。「妹君、ソバカスがチャーミングじゃないか」。

少女の気分は一変した。気分の明るさは、彼女の身と心に染み入る思いであった。それとともに、彼女の表情は、内側からパーッと明るくなった。彼女のソバカスは、老人に自然と表れる汚れではない。チャーミングといわれたソバカスは、いまの少女にとって、もはや悩みや苦痛にならない青春のシンボルとなった。一見、たわいないように思える出来事は、少女に〈陽への転機〉を与えるきっかけとなった。それからの彼女は、家族や友達との接し方も朗らかに変化し、それにつれて勉強にやる気が出たし、家事も楽しげにやるようになっていった。この気分は、少女の身と心に、やる気を起こす全体感であった〔⇩図1〕。

**事例ii**　ある女子短期大学では、毎年秋に、特定企業に推薦する学生の学内選考を行っていた。志望する学生が何名かずつ着席し、面接する幾人かの教員が、成績と口答試問で、推薦学生を決める。

　幾組目かの学生たちが着席したとき、中年の女教員が、ある学生を目ざとく見つけて、いきなり、「あ、この子だ、この子は目つきが悪い！」と、強い語調で決めつけた。いわれた学生は、目を伏せて凍りついた表情になった。他の学生たちも、自分がいわれたように、目を虚《うつろ》に中空を凝視《ぎょうし》していた。面接に同席した他の教員たちは、なぜか黙したままであった。もっともこの教員は、日頃から学生の気持ちなど察せずに、ずけずけとものをいうので、彼女たちの評判は悪かった。面接が終ると、学生たちは硬い表情で面接室を出て行った。目つきが悪いと咎《とが》められた女子学生の、その後の運命やいかん。

　彼女はそれまでの生活の中で、目つきにやや難があるかな、と自分でも気にはしていた。しかし女教師の、いきなり刺すような冷酷な語気に傷つき、気分は落ち込んで最悪であった。相手に反撥するよりか、自己嫌悪の方が強かった。これが〈負の転機〉となって、彼女は、人と目を合わせて挨拶することも、自分の方から語りかけることも、こわくなった。いく度も就職試験を受けたが、面接担当者と目を合わせられず、臆した態度や受け答えが心証を悪くして、採用に至らなかった。

彼女は未就職のまま卒業したが、人と目を合わせて話をすることに、いつも戸惑いを感じ、対人関係はうまくいかなかった。彼女には、誰もが当り前のようにやっている対人関係のこつ、自明性の勘所《かんどころ》が分からなくなっていった。何年かして、彼女はとうとう、家族とだけわずかに接せる程度の閉じこもりの生活をするようになった。あの毒気のある女教師の言葉、それは彼女の身と心に滲みとおり、彼女は一種のＰＴＳ（心的外傷ストレス）に罹ったのだ。彼女の気分は、もはや回復困難なほどに汚染したのである［⇩図2］。

【図1】プラス（陽）の相乗効果

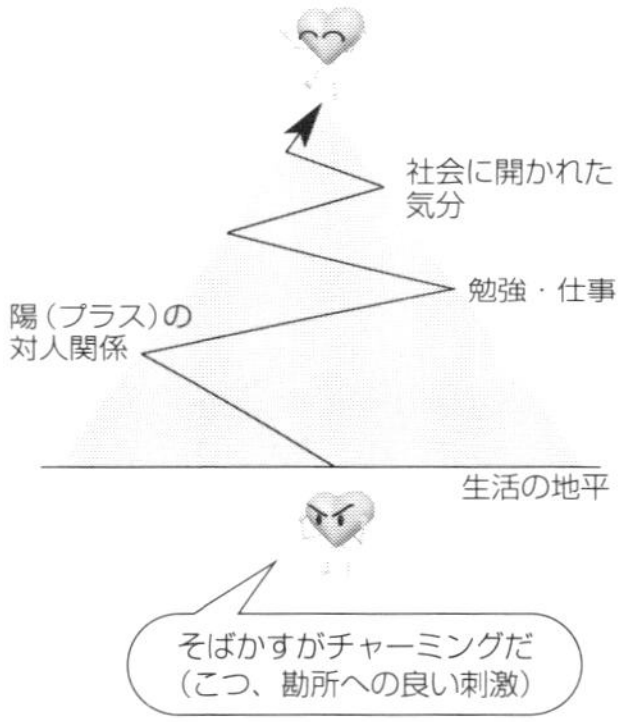


1 ソバカスがチャーミングだ。
2 それがきっかけで、対人関係が好転する。
3 そうすると、勉強や家事に気乗りしてくる。
4 そのことが再び、対人関係をよくする。
5 勉強や仕事がさらに楽しくなる。

**この上昇的なプラス志向は、陽性気分を豊潤にし、社会に開かれた気分は、人生を楽しくするきっかけとなる。**

【図2】マイナス（陰）の相乗効果

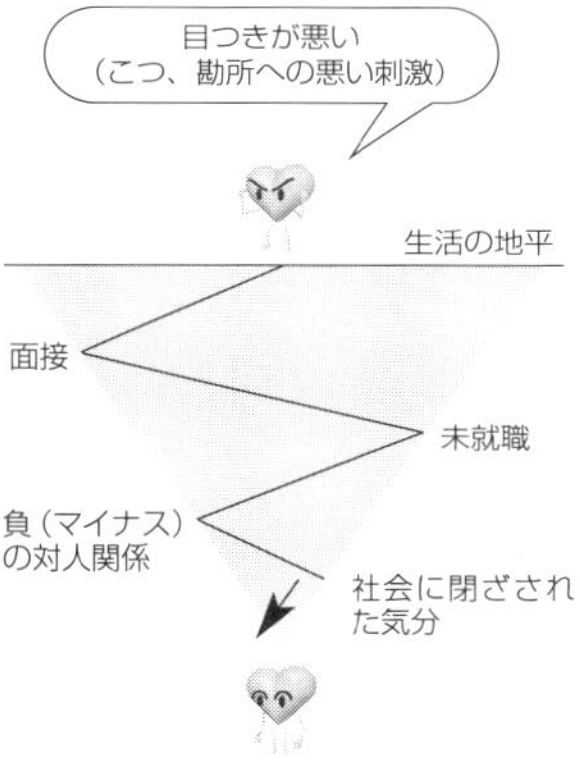


1 目つきが悪い。
2 それがきっかけで、対人関係が悪化する。
3 そうすると、勉強や家事に気乗りしなくなる。
4 そのことが再び、対人関係を悪くする。
5 すると、就職もうまくいかず、自閉的気分を増す。

**この下向的なマイナス志向は、陽性でもありえた気分を浸蝕し、社会に閉ざされた陰性気分は、人生を暗くするきっかけとなる。**彼女の生活は、その後も、社会の中での自閉症的生活であった。

もちろん、ソバカス少女の事例でも、女子短大生の事例でも、誰もが同じよいきっかけや悪いきっかけとなるわけではない。きっかけとなる気分は、どちらのきっかけともなりうる気の持ち方、生きようとする気構えのあるなし、そしてこれから、いろいろと語っていく気の根っこ（気根）にかかわってくるものである。もう一度、再起しようとする気力がなければ、生きる気は萎《な》えてしまう。

**きっかけと気分との関係は、複雑である。しかもこの相互関係は、この関係を包んでいる雰囲気に強く影響されている**となれば、ますます事態は混み入ってくる。たとえば、相手が硬い表情をしていると、対応する人も硬くなり、話しかける、あるいは話し合うきっかけは、なかなかつかみにくい。どちらも気分が悪くなり、話は進まない。職場や教室の雰囲気がよくないとき、そこで仕事をしたり、学習したりしている人びとの気分は、よどみがちになる。大きく息を吐きたい気分だ。仲良く仕事し、勉強する気分にならない。このような雰囲気の元は、会社だと経営方針に、学校だと教育方針にあることも多いであろう。各自、体験的な事例を考えてみれば、おのずと思い当ることであろう。

## 2　生の根っことしての気分（気根）

二つの事例は、言葉が陽性と陰性の気分のきっかけとなりうる、ごく単純なサンプルにすぎない。しかも言葉は、言葉を使う人の人間性を反映している。「妹君のソバカス、チャーミングだね」といった友人は、そのときいい気分（陽性気分）にあって、その連鎖から、気分よく

## 生活社会の雰囲気と気分の関係

そういったかもしれないし、「目つきが悪い」といい放った女教師は、もしかすると、平素から何事も悪い気分（陰性感情）からみる性分の人であったかもしれない。心理的な推測はいくらでもできる。

だからといって、あばたならず、ソバカスがえくぼと同じくチャーミングにみえたとすれば、それがそのときのでまかせな外交辞令であったとしても、少女の気分をよくしたとすれば、とかくいうこともない。しかし女子学生の心を突き刺す言葉を吐いた女教師の行為は、許されるものではない。目つきが悪くみえるなら、その学生をそっと呼んで、目つきが悪くみえない表情とか、化粧の仕方を心配してあげるのが教師の役目であろう。女教師はそれができない気分にあったのか。元来、そのような性向（たち）であったのか。

そうすると、気分を介した対人関係は、単に直接かかわり合っている当事者同士の関係につきず、その人びとがおかれている環境、人びとが参加している生活社会の雰囲気、の中で起こっていることが分かる。**気──気分は、生活社会、人と人との間にかもし出される雰囲気である**。したがって、一見単純そうにみえる事例であっても、その出来事の背景は、きわめて複雑な様相を呈して、生活社会の雰囲気を色濃く反映しているといえよう。

事例iii　先の二つの事例は、言葉による対人関係を話題にしたが、仕事や趣味が気分や気力を回復させるきっかけになることも多い。気分が滅入ってふさぎ込んでいるとき、仕事や趣

## 女優
## 小山明子の例

味に打ち込め、というのは無理で、逆ではないか、と訝《いぶか》る人もあるかもしれない。しかし、これが逆療法となることもある。あまりに向き（本気）になって、憑《つ》かれたようにこり固まった神経の持続、この病める神経の固着を、何気なく、ふと溶かし癒してくれるきっかけもある。

女優小山明子さんの『パパはマイナス50点』「2005年、集英社」は、小山明子の介護体験記である。彼女は、夫の映画監督、大島渚氏がバリで脳出血で倒れてからというもの、半身まひと言語障害の夫の看護を一心に努めてきた。この闘病記で注目するのは、夫よりも看護する妻の精神状態（介護ウツ）である。

内密にしたい事務所の意向もあり、思うように介護ができない。ひとり家にいて、生きる資格がないと思い、眠られず食べられず、体重は一五キロ減。家出し、自殺も考えたが死にきれず、精神病院。退院後、糖尿病の夫のため、カロリー計算をしたつもりが、栄養士に野菜不足を指摘されて自信を失う。入退院の繰り返しで、4度目の入院のとき、作業療法で、好きなギョーザを作ってみた。ところが、「私にもできるじゃない」。このギョーザ作りが、自分を取り戻す逆療法になったのだ。

苦悩と苦闘の過程で、ようやくというか、運よくというか、ギョーザ作りが転機のきっかけとなった。退院後に始めた水泳やヨガも、気分転換に効き、5年前に診療も終える。意外とも思えるようなきっかけ、そして気分をよくする別のきっかけ、このきっかけがきっかけを招くようにして、彼女は閉ざされた気分から、開かれた気分に開放された、というものであろう。

このように、きっかけは待つ、そして与えられる（棚からボタモチ）ものではなく、自分の方からきっかけをつかむものである。おぼれる者はワラでもつかむ、というが、おぼれる者に気力がなければ、ワラはつかめない。

## きっかけはどこにでもある

きっかけはどこにでもある。人の何気ない言葉、ちょっとした親切や思いやり、はげまし、歌手の歌の文句、自然の風景、読書の文句。こういったものごとを糧とみて喰いつくのも、人の性格、性分、気分、人生態度、環境などによって違ってくるであろう。たとえば、美空ひばりの「川の流れのように」。難解な哲学書よりも、この歌の方が、人生の喜びと悲しみを、聴く者の身体《からだ》にしみじみともろに感受させることもあるのだ。だがきっかけも、きっかけに喰いつくのも、すべて生きようとする生の根っこ（気根）にかかわってくる。

人生とは、生の根っこにたっぷりと養分を与えられ、延び伸びと根を張って、立派な大樹（人格）に育った自分に、幸福と満足を覚えつつ終るものである、と考えるのが私の人生論である。

人の一生は宿命的に決まっていない。人が生、老、病、死を辿るのは宿命であるが、生から死に至るあいだの人生は、必然でなく、偶然に満ちている。気根を生かして、偶然の養分を吸収しながら、人は自由に、できるだけ気分よく生きうるのである。これから、そんなことを、あれこれと考えてみたい。

# Ⅱ 気分の言語ゲーム

## 1 ウィトゲンシュタインの言語ゲーム

これまで三つの事例を挙げたが、わずかな事例にでも、気や気分が生活社会の中で、人びとの生き方を大きく左右していることが分かるであろう。気は単に気分転換のきっかけではなく、気自体が気の本性《ほんしょう》（気根）に根づき、多くの気の用法は、この本性（気根）から発生・発出してくるのである。

それで気の元は、気分をよくする元であるが、逆に気分をよくするということは、気の元（気根）を浄化する作用をする。**気根と多くの気分との関係は、相乗——浄化作用をしている**といえよう。

この相乗——浄化作用は、たとえば、クモとクモの巣（網）の関係である。クモの巣は一種の網であるから、見方によってこの網は、網の目からできているとも、目の網からできているともいえる。そして網の中心はクモが占め、網の全体を、すなわち網の目と目の網をコントロールしているのである（この説明は、神経細胞回路とシナプスの関係を連想させる）。

この説明を、ウィルヘルム・ウィトゲンシュタイン（1889—1951）の思想を援用しながら、続けていくことにしよう。彼は『哲学的探求』（1936—1945）で、言語ゲーム（language game）という用語を使って、生活世界で活用される言葉の用法を説明している。言葉と生活世界との間に、多形的多値的、そして重層的柔構造的な生の空間を見出そうとしているのである。

ウィトゲンシュタインは、チェス・ゲームを例に挙げている。チェス・ゲームは、ゲームの規則（用法）で成り立っている。しかしこのゲームは、一種類とは限らず、ゲームの仕方をいろいろと工夫して、ゲームの規則を変えることができる。〈チェス・ゲームをやろう〉といえば、あのやり方だな、と決めてかかることはできない。ただ一つの理想的なチェス・ゲームなど、ないのだ。

そこで彼は、このゲームにたとえたことを、言語ゲームにあてはめる。彼のいう〈言語〉は、人間の用いる言語生活の一切を包括していて、彼はこのような言語ゲームを、ゲームの規則（用法）からまとめようとしているのである。すなわち、言語は、すべて一定の言語の文脈の中で、一定の文脈の取り決め・約束の下に成立しているからである。「〈言語ゲーム〉」という言葉は、言語を話すことが一つの活動あるいは一つの生活様式の一部であるということを、強調することなのである」。

さらに言語ゲームは、生活様式であるから、生活の中での類似性や親近性がある。「われわれは、互いに重なったり交叉したりする複雑な類似性の目の網をみている」。この類似性を、ウィトゲンシュタインは、家族的類似性と名づけている。「なぜなら、一つの家族の構成員の間に成り立つ多様な類似性も、たとえば、体格、顔の特徴、眼の色、歩き方、気性などのように、同じく重なり合い交叉しているから。──だから私は、〈ゲーム〉は、一つの家族を構成する、というのだ」。

## 教育とは文化としての言語ゲームを学習することだ

こうして彼は、言語ゲームを、「語の用法の全過程を、子供がそれによって、自分の母国語を学ぶゲーム」と説明している。そして語の教育とは、語の用法を教えることであって、これは言語ゲームを学ぶかたちで行われる、という。さらに、この言語とそれが織り込まれた諸活動の全体をも、〈言語ゲーム〉と名づけている。教育とは、このような言語ゲームを、文化として学習することなのである。

さて、この節の最後に、私は私の理解する哲学史的系列を、ちと述べておきたい。

ウィトゲンシュタインの『哲学的探求』は、彼の後期思想の主著とされる書で、彼の死後、弟子たちの手によって編集・出版された。これに対し、彼の前期思想の主著とされる『論理哲学論考』(1918)は、彼が第一次世界大戦に、オーストリア軍兵士として参戦した中で書き続けたノートを、自ら整理して出版した書である。この前期思想は、ルネ・デカルト(1596—1650)が30年戦争(1618—1648)中、対独戦争で駐留した南ドイツの寒村で、あの有名な、炉のある部屋にこもって深夜に到達したという、「私は考える、だから私は在る」に似ている。

デカルトの純粋思考の極限と、ウィトゲンシュタインの論理的思考の極限。二人とも、参戦中の孤独な思索の末に到達した結論。デカルトの結論の方は、その後、ドイツ観念論の方へ。すなわちオランダのスピノザを経て、ドイツのライプニッツ、カント、フイヒテ、シェリング、カント、ヘーゲルと展開していった。

しかし、ウィトゲンシュタインが後期に展開した言語ゲーム理論は、彼の前期の思想を、言語ゲーム群の中に、一つの堅固な論理ゲームとして組み入れていると考えられる。したがって、彼の前期思想に強く影響されて、一時期興隆した論理実証主義は、もはや思想界の関心を引かなくなった。後期思想からすると、言語ゲームの一つにすぎないのである。

では、ウィトゲンシュタインの後期思想に強く影響されて、一時期興隆した日常言語学派はどうかというと、言語の用法の分析が主で、なんら新たな人生観や世界観を提起することもなかった。

これに対して、私の立場は、ウィトゲンシュタインの言語ゲーム理論を、〈クモの巣〉や〈気根〉から捉えているように、一種の生命論的な実存主義の視点から考察してみようと考えているのである。

## 2　言語ゲームとクモの巣

ウィトゲンシュタインによる言語ゲーム理論の特徴は、言語を家族的類似性で説明しながら、言葉の意味合いから、〈厳密性〉を排除していく。いや、次のようにいった方が正しいであろう。彼は前期思想の主著、『論理哲学論考』で構築した言語と世界との一致という、統一的一義的世界像を自から否定し、このような厳密性をもった世界像をも、極端な言語ゲームの一つとみなしたのであると。それは、論理学上の内包（意味）と外延（適用範囲）をぼやかして、言語を言語の厳密な定義からはずしていくことである。

「たとえば、どれほど高くテニスのボールを打ち上げてよいのか、どのくらいに強く打ってよいのか、といったことに関する規則はない」。日本流にいえば、熟練からくるカンとかコツである。ゲームは規則だけで成り立っていないのだ。ゲームの説明には、ゲームを記述してみせ、さらに加えて、「こうしたもの、およびこれに似たものを〈ゲーム〉という」。と説明することが必要である。「〈ゲーム〉というコンセプトは、輪郭のぼやけた概念」である。境界線がそれほどはっきりと定まっていない。いわば、ピンボケである。数学や論理学の形式や規則は、ゲームの一つの極端な抽象である。

「どこかこの辺に立っていろ」という場合、どこかこの辺という説明は、確かに不正確である。だが「なぜ人は、それを〈不正確〉と呼んではいけないのだろうか。……それは〈使用不可能〉ということではないのだから」。〈時計を正確な時刻に合わせる〉という場合、この正確さは、どの程度、正確なのか。「食事にもっと時間を厳守してこなければならない。〈正確に一時から始まるのを知っているだろう〉」といった場合、このような正確さは、どのような正確さなのか。不正確は非難され、正確は賞賛される。それは、不正確は正確ほど、完全にその目的を達成しないからであろう。しかしその場合、何を目的と呼ぶのか。正確にいわないと、不

**人は言語ゲームというクモの巣の中心にいるオーケストラの指揮者**

正確なのか。

「語は、いろいろな意味を一家族分もっている」。**語は、この家族的類似性の中で、互いに重なったり交叉したりする、類似性の〈目の網〉として生きている。そして網の目を編んでいるこの目の網が、一つの生活様式ということになる。**

ところで、ウィトゲンシュタインの言語ゲーム理論を、引用文を挿入しつつ、このように理解してみると、このゲーム理論は、クモの巣にたとえることができよう。ゲームをする人は、クモが口から糸を繰り出して目の網を張り出すように、身体から語を繰り出し、言語ゲームの網を作っていく。そしてクモが自分の編んだ網の中心を占めて、網の一切を統括しているのに似て、人も自分の繰り出した語の網の中心を占め、言語ゲームの一切を統括しているのである。言語ゲームをする人は、オーケストラの指揮者なのである。

## 3 理性の機能

西洋哲学の起源は、古代ギリシャの植民地、イオニアのタレスに始まるとされている。タレスは、「万物の始源は何か」という問いに、それは水であると答えた。なぜならば、海洋は水である。水は蒸気になって上昇し、雲となって空をおおう。また雨となって地に降る。そして土からは水が湧くし、植物や動物に水は欠かせない。自然現象を観察すれば、万物はすべて水からなり、また水にかえるという水治源説は、ごく素朴な合理的説明として認めうるであろう。そして、哲学（philosopy）の語源は、ギリシァ語のphilo《フィロ》（愛）とsophia《ソフィア》（知）の合成語、philosophia（愛知）、すなわち知（恵）を愛求することだ、といわれるのも理解できるであろう。そして万物の源を研究する学問は、形而上学《けいじじょうがく》と名づけられた。この万物の治源論は、後にイデアとか、中世期以降は神、霊魂、精神などに転じていった。

## 理性の機能
## why、because

さて、以上のおおざっぱな説明から、ギリシャの自然哲学における愛知の問いを、私たちは二つに分けて考えることができよう。

第一の問い。万物の治源は何か（what）。
答。それは水である。
第二の問い。なぜ水なのか（why）。
答。なぜならナニナニであるから（because）。
　万物はすべて水から生じ、再び水にかえっていくからである（理由）。

第一の問いは、万物の源、すなわちものの本質・実体を問うもので、後の西洋哲学の主流（形而上学）となって、現在まで連線として研究されている。

第二の問いは、万物の治源を水だと答えたのに対し、その答えをうのみにせずに、whyと問い、その理由を、なぜならナニナニだから（because）で求めて、その上で、ゆえにカクカクと考える、（と思う、）と結論を出す。

ギリシャ語のロゴス（logos）は、言葉、理性、理由、論理（学）などの意味をもち、英語のロジック（logic）の語源である。ところで、whyとbecauseの応答は一度でなく、承知できなければ、応答は何回でも繰り返される。理由が繰り返されれば、reason（理性・理由）は何度も重ねて進行するから、reasoning（推論・理由づけの連鎖）の形を取る。すなわち**理性の機能とは、理由づけの機能なのである**。そこで、第二の問いと答えの連関をまとめると、次のようになるであろう。

なぜか（why）。なぜなら、ナニナニと理由づけができるから（because）。ゆえに私は、カクカクと考える（結論 conclusion）。

## 4 理性の機能は、言語ゲームの枠組み作りだ

20世紀に入ると、イギリスに言語分析学派が台頭した。簡単にみると、この学派は、二つの思想傾向から自己を区別している。一つは、ギリシャ以来の形而上学からの訣別である。伝統

的な形而上学や存在論が用いている用語に、明晰な言語分析をほどこして、あいまいな用語の交通整理を任務とした。

もう一つは、20世紀の同時代に隆盛をきわめた、実存哲学として一括される哲学（たとえば、ドイツのヤスパース、ハイデッガー。フランスのサルトル、カミュなど）の用いる実存的用語を、あいまいな言語として批判した。

## トゥールマンの問題提起

そこで、この言語分析学派の一人、日常言語派のトゥールマン（Toulmin,S.E）の『倫理学における理性の地位』（1958）を利用して、理性の理由づけの機能を考えてみよう。

トゥールマンの意図は、日常言語の用法を分析しながら、科学と異なる倫理学の役割を自覚しようとする試みである。彼はその前段階として、科学言語も多形的であると説いている。トゥールマンによれば、科学理論は人の期待を修正することはあっても、経験は修正しない。日没に太陽が赤くみえる日常経験を、科学は本当（in reality）は赤くないのだ、と説明するとき、realityという語が伝統的にもってきた実在論的意味（実体、本質）はそのままうけついで、科学理論の方だけを〈真〉とするのは誤りである。科学と常識は、基準や規約が相違するだけで、両者は両立する。肉眼からは、日没時の太陽は本当に赤くみえるのだ。水中の棒が曲がってみえるのは、光学理論が光の曲折によるのだと説明しても、肉眼では本当に曲がってみえるのだ。［⇩図3］

このような言語分析は、ウィトゲンシュタインによる言語ゲーム理論の忠実な適用であろう。

身体の一部である肉眼の正当な地位は、光学理論と独立に確保されているのである。ただし、この肉眼の地位は、光学理論に対する、あくまでも認識論的地位である。そうすることで常識と科学とを対立よりも、相対的に両立させているのであろう。

それまで論理学が関心をもってきた言語分析は、トートロジー（同語反復）が多かった。たとえばギリシャ以来、伝えられてきたアポリア（難問）。「私のいうことはすべて嘘である」。この言明は、本当か嘘か。この言明は本当ととれば、嘘になる。嘘ととれば、本当になる。

20世紀になって、バートランド・ラッセルが例に引く言明の分析。「丸い四角は存在しない」。そもそも存在しない丸い四角を、〈存在しない〉といえば、一見、〈丸い四角の存在〉に、正しい判断を下しているかのように思える。しかしよく考えてみれば、もともと存在しないものに、〈存在しない〉と断定するのは、おかしいではないか。それは単に、「すべて丸いものは、四角いものではない」と言明しているにすぎない。

これらの事例は、形而上学や存在論などで、偉大な学説を唱える哲学者たちが犯す誤りであって、日常の社会で常識的な生活をしている人びとには、あまり興味のないことだ。論理学の研究者の興味となる、思考のお遊びゲームだ。

では、トゥールマンの「水中の棒は、肉眼では本当に曲

【図3】　本当とは何か

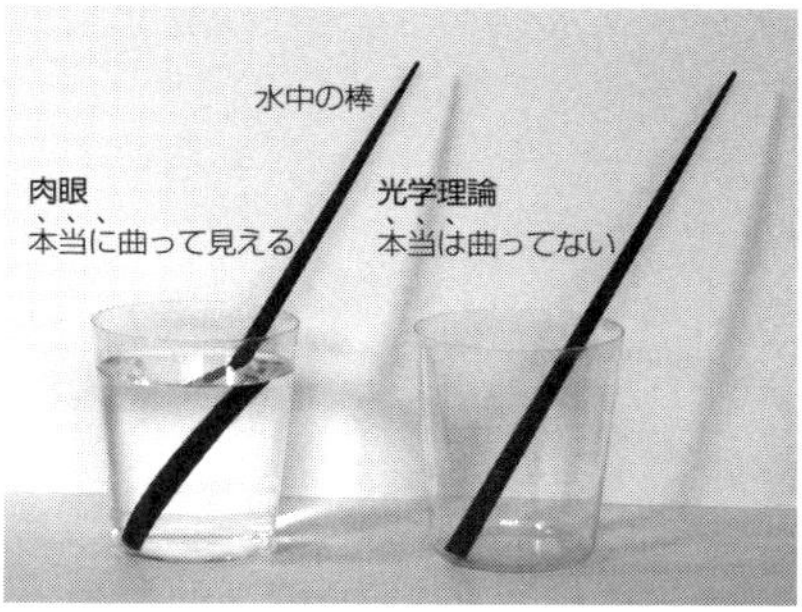

がってみえる」事例を、日常生活の現象に適用してみよう。この応用は、科学と常識の両価性の問題を超えて、**現代の日常語が、アイマイのうちに、容易のならない人間観をみせているのである。その現象は、私たちに治療分析の必要を訴えている**ように思える。

### 日常化する理性（理由づけ）の機能

さて、日常の会話で、人びとは、本当（in reality、really）という用語をひんぱんに使っている。

「けさ、時間がなくて、食べてこなかったの」と一方がいえば、他方は、「ほんとぉ」と返す。この応答は、一方のいったことが、事実であるか事実でないか、反問しているのではない。相手が食べてこなかった、といったから、それに合わせて、そうなの、という意味で「ほんとぉ」といったまでだ。

相手が、「先週の数学のテスト、90点取ったよ」と誇らしげにいえば、たとえ平素、低い点を取っていると思っていても、「うっそぉ！」と返すかもしれない。しかしその〈返し言葉〉は、反撥して、嘘だろ、といっているよりも、ちと予想外のことだと思えても、本当よりも強い意味を込めて、同調的に「うっそぉ！」と返しているように思える。相手のいったことが、真か偽か、嘘か誠か、と固苦しく応答しているわけではなかろう。（職務上の指示・命令、裁判所の証拠固めでもない限り。）かつて、これ本当に本当、といったクイズ番組もあった。

人は本当か嘘かにそうこだわらずに、相手に合わせている。その意味合いが強くなると、人は「そうなんだぁ」と、相づちを打つようになる。この相づちでは、人は人、私は私、できる

## 母と子の対話

だけ他人のことには口出しをしないで、さらっと交わっていこうという心理もみえる。対人関係でいらぬごたごたを避ける知恵だが、この心理には他人にかかわるまいとする冷たさもみえる。枠組み作りをするはずの理性（理由づけ）の機能は、内実に関わらずうすらぐばかりである。さらに深層の治療分析を必要とする話題ではある。

もう一つ、理性の理由づけの機能を示す例を挙げてみよう。

ある家庭で、低学年の小学生が泥足でタタミの部屋に入ってきた。母親がそれをみ咎《とが》めて、「汚れた足でタタミに上がるんじゃないの」と叱る。当然だ、という命令調である。ここで子供が、はいとかうんとかいって外に戻れば、事は命令で、子供は命令に従ったことで終る。

【図4】 母と子の言語ゲーム

しかし、なんでも聞きたがり、知りたがる子供で、「なぜ、ママ」と聞き返したとする。ここで母親が、「いけないといったら、いけないの。わからずやね」とでもいったら、再び命令を押し通したことになる。そこで理知的な母親は、グッとこらえて、「なぜならね、坊や。タタミが汚れるでしょう」。子供は問い返す。「なぜ汚れたらいけないの、ママ」。母親はいら立つ気持を抑えて、「なぜならね、坊や。ママがふきふきしなければならないでしょ」。「なぜふきふきしてはいけないの」。「ママは忙しいの」。「ほんとぉ？」。

母親は答え方をかえて、「タタミが痛むと、取り換えなければならないの。高いのよ、坊や」。こうなると、理屈っぽい子供は、面白くなって、もはや母親との言語ゲームを楽しんでいるかのようだ。ママゴンの逆襲もある。「坊や、ならなぜ泥足でタタミに上るの」。このような親子の対話は、子供に理性（理由づけ）の枠組み作りを学ばせるよき訓練になるであろう［⇩図4］。

## 4　言語ゲームは、日常性の反映でよいのか

**理性の機能は、言語ゲームの枠組み作りだ**、といった。この枠組み作りは、相手が子供の場合は、親子の対話、学校では先生との、友人同士の対話で絶えず訓練されていくであろう。しかし対話する人びとの心理は、そう簡単ではあるまい。

たとえば先の、数学のテスト、90点取った例でいうと、その原因がカンニングであったとする。もしバレないで済んでいれば、当人の良心の問題で終る。良心の呵責《かしゃく》に耐えかねて、将来、誰かに告白することもあるかもしれない。しかしここでの論点は、カンニングがバレ、嘘もバレた場合である。当然、他人の干渉が加わる。当人は批難され、罰も受けるだろう。

だが、当人は他人の批難や罰を率直に受けているようで、内心、反省も後悔もしていないかもしれない。バレた原因が、得意になっていいふらしたからで、そのことを後悔しているだけ

かもしれない。

これはある大学の例だが、教員が50名ほどの一年生を前にして、万引きをしたことがあるかと問うと、3分の2ほどの学生が、元気よく手を挙げた、という報告もある。そのうちのある学生は、スーパーでバイトをしている友人は、遊びに行くと、バイト先の店からもってきたものを、あれこれとくれる、と事もなげにいった、という。この話題は、バレなきゃいいや、どころか、なんとか謝って済ませられるとか、バレても店をクビになるだけ、という安易さがある。人の心は、世相の雰囲気を、もろに反映しているように思える。

また、母親と子供のやりとりの事例は、ある状況下での言語ゲームである。そしてこの状況は、母親と子供との、それまでの日常の接触の仕方、お互いの感情や気分、平素の躾《しつけ》方や、子供の性質、あるいは母親自身の生活態度などなど、複雑な要因を含んでいる。理性の機能（理由づけ）は、もはやただ単に、理性の論理的能力とか、日常言語の交通整理だとか、そういう意味での治療分析だとかでは済まされないのである。

## 言語ゲームは単なる交通整理で終ってはならない

次の場合はどうなるのか。友人に「自殺する」と告白されたとき、「ホント？　ウソ！　そうなんだ」と反応するだけで済まされるか。言語の単なる交通整理からすると、済まされてしまう。しかし私たち生《なま》の人間は、決してこれで済ますまい。友人の自殺を阻止し、自殺せずに生きていける方途を、あれこれと思案し、助言してみるだろう。自殺したい者とこれを阻止したい者の対話、この対応はすでに、単なる交通整理的な言語ゲームを超えた、人間行為・行動

## 生への転気、

の分野に入る問題である。

したがって、この人間行為・行動の言語ゲームは、もはや単に、日常性の反映あるいは投影ではありえないのだ。自殺の動機を懐く、自殺志願者が多く出る世の中だから、自殺者が出てもやむをえない、当り前だ、ということになれば、自殺志願者や自殺者は、世の中の反映・投影であって、歌は世につれ、世は歌につれ、循環論法的な言語ゲームのやりとりの過程で、実際に自殺するほかはない。「どうして自殺者が多く出る世の中なのか」、問われるべきことは、このアポリア（難問）であろう。

このように、理性は言語ゲームの枠組み作り（言語のめりはり）であるが、この理性の機能だけでは、カンニングの動機、母親と子供の対話の影の部分（深層心理）、あるいは自殺志望者と世の中（世相）との悪循環を断ち切ることはできない。この悪循環を突破し、自殺志望者に生きる動機を与える、いわば「生への転機（気）」は、いかにして可能であろうか。自殺志望者は、好んで自殺したいわけではない。彼は心を閉ざし、いや心を閉ざされて、自殺をえらぶほか方途がなくなるのだ。

私は先に、理性の機能は、言語ゲームの枠組み作りだと書いた。続けて、言語ゲームは、日常性を反映しているだけでよいのか、と問うた。そうすれば、**理性による言語ゲームの枠組み作りは、「生への転気」を補佐し、生への意志を補強し、補導するものでなければなるまい**。女優、小山明子さんの事例で、このことをちょっぴり示唆しておいたことではある。

言葉は理性の機能によって、分析し整理されても、言葉の中身は複雑で、多感な情緒、気分、意志、意欲などを含意している。カンニングの事例もそうだが、泥足でタタミに上がることを禁じられた子供は、生返事ではなく、本当に納得してそうすることを止めたのか。「ウン」と返事してその場は従ったが、母親のみていないときに、またやっているかもしれない。

こんな対話の続きがあったとしよう。

母親　「汚れた足でタタミに上がるんじゃないの」。

子供　「〈そんなこというなら〉、〈今日〉、〈ボク〉は、〈学校へ〉、〈行かない〉よ」。

この親子の対話において、反撥した子供の強調部分がどの部位にあるかによって、登校拒否した子供の本当にいいたいこと（本音）が浮かんでくる。

【図5】　言語ゲームの下地

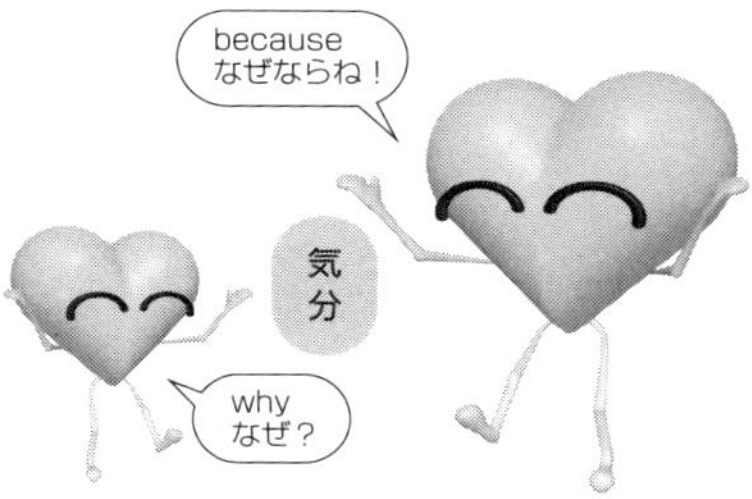


ここまで考えると、禁止（命令）も、説得と納得の理由づけも、簡単・単純に受けつけない〈なにものか〉が、子供の心身の深層から滲み出ているのではないか、と思えてくる。〈分かっちゃいるけど、止められない〉気分が。あるいは、〈向こうがそうなら、こっちもそうしてやろう〉という身構えの気分が。

現実に世の中で起こっている、異様というほかない犯罪の増加。家庭内で、夫婦、親子、兄弟を問わず、発生している事件。この犯罪の影に気分あり。まるで大気汚染のように、世の中を汚染している雰囲気。生活社会の雰囲気と、この雰囲気の中で生活する個人の気分。社会の雰囲気と個人の気分の相互作用や相乗作用の中で生じる、気分の言語ゲーム［⇩図5］。

こう考えてくると、私たちはますます、**理性による言語ゲームの枠組み作りの下地あるいは中味は、〈気分〉ではないか**、と思えてくるのである。そうすると、言語ゲームは、日常性の反映でよいのか、がますます問われることになるであろう。

## 6　気分の地位（気分の言語ゲーム）

ようやく、本の出だしの〈気分〉の問題に戻ってきた。ソバカスを気にしていた少女は、「ソバカスがチャーミングだ」という声を耳にして、気分をよくした。目つきを気にしていた女学生は、露骨に「目つきが悪い」と毒づかれて、ひどく気を落とした。女優の小山明子さんは、夫の介護で気の落ち込みがひどく、極端に鬱《ウツ》の精神状態が続いたが、偶然のギョウザ作りが転気となって、気を取り直し、回復へ向かった。

日本語で「気」の意味を調べると、その多様さに、いまさらのように驚く。ちょっと挙げてみると。

①感じ（なごやかな感じ）②かおり、におい（気の抜けた酒）③いき（呼吸）④生活力（清新の気がみなぎる）⑤心、精神（気が狂う）⑥気持、意志 ⑦興味、関心（気のない返事）⑧性質、気質（気の弱い男）⑨様子、気配（何か起りそうな気配）などなど。とくに厳密な区別をしなければ、「気」は、感じ、心、意志、関心、様子などを、〈気分〉という用語と意味で、一切、包括しているように思える。

「気」のつく用語を辞書で調べてみると、たちまち二〇〇ほどの用例が出てきた。少し例を挙げておくと。 気性 気品 本気 気力 陽気 呑気 気心 気疲れ 気まま やる気 本気 食い気 気障り 志気 気のせい 気詰り 気うつ 気遣い 気風 邪気 気がある 気が合う 気が気でない 気が立つ 気まずい 気を配る 気を吐く 気をもたせる 気が若い 気を引き締める 意気込む 気をそぐ 気を留める 気を引く 気が多い 気の迷い 素っ気ない 気が遠くなる 気を楽にする 気脈を通じる 気を許す 気を回す……

ところで、近代西洋哲学の祖、ルネ・デカルト（1596―1650）は、中世哲学（スコラ哲学）では、信仰（神の存在）をひたすら論証する役目をしていた理性を、信仰護持から独立させたとして、近世における自我の発見者といわれている。この定式化が、「私は考える、ゆえに私は在る」である。この〈自我〉はもちろん、理性能力としての自我のことであるが、いまこの自我を〈私〉として、なぜか（why）と、ナニナニだから（because）の理由づけにあてはめてみると、次のようになろう。

【図6】 理性の言語ゲーム

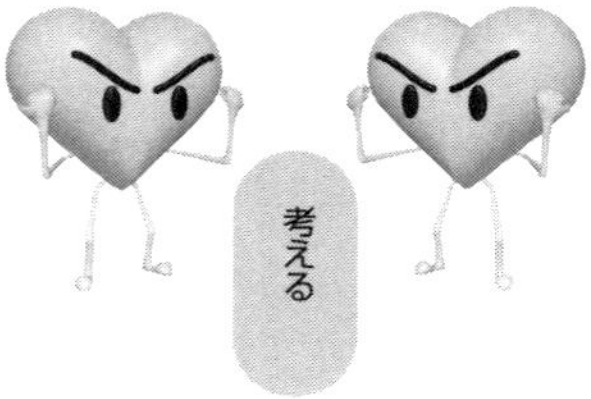


なぜ、水中の棒は曲ってみえるのか。なぜなら、光の屈折によってそうみえるのである。ゆえに、本当は曲っていない、と私は考える［⇩図6］。

これに対し、気のつく言葉の多い日本語では、次のようになろうか。

【図7】 気の言語ゲーム

なぜ、貴方は鬱《ウツ》の精神状態から回復したのか。なぜなら、ふとギョウザ作りをしてみたからである。ゆえに、それが回復のきっかけになった、（私は）という気がする。（と感じる）［⇩図7］。

〈気〉というと、確かに、気まぐれ、移り気、浮気など、〈考える〉に較べると、意味が軽くふわついていて、信頼がおけないように思える。石川啄木の句に、「気の変わる人に仕えて、世の中が嫌になりにけり」といったのがある。

## 理性と感性の関係

しかし、**理性―理由（reason）の連鎖が推理・推論（reasoning）の言語ゲームになるならば、気がする、感じる（feel）の連鎖は感性（feeling）の言語ゲームになる**。理性の機能は、まずものごとを分析し、次にこの分析の諸結果を統合する。これに対し、気の機能は、まず理性による分析―統合をまって、その上で、それゆえに、「私はナニナニと感じる」または「私はナニナニという気がする」と結論している。たとえば、世相を分析してみせる評論家はもちろん、野球や相撲の解説者も、チームや選手のことを多面的多角的に分析した上で、「だから、私はかくかくという気がする」と結んでいる。

とはいうものの、一般に理性能力の適用範囲は、遠大である。もともと理性と感性の関係となると、西欧の近代認識論で大論争されてきた問題である。ヨーロッパ大陸の合理論派（デカルト、ライプニッツ、カントなど）と、英国の経験論派（フランシス・ベーコン、ジョン・ロック、ダヴィド・ヒュームなど）の対立は、理性と感性のどちらに、認識論上の根拠をおくかに始まっている。

## 理性と感性の対比は実存的気分で

ただし、私がここで扱う理性と感性の対比は、認識論上の問題と違って、非常に狭い範囲で扱われてこそ、有効性を発揮する対決である。人間の一般的な認識能力を扱う哲学論争上の問題ではなく、人間一人ひとり、個人の基底気分に根ざす、感じや気分なのである。しかし、このような個人の、その意味で、実存的な、といってもいいような気分に対して、20世紀の哲学者たちは、何か参考になる思想を与えてくれるであろうか。私のこの論点に対して、20世紀の哲学者たちを何人か挙げて、私の考えを、急がば回れ、ではないが、少々迂回《うかい》して、側面から照射しておきたい。

# Ⅲ

# 気分を巡る思索

## 1 ベルグソンの〈知覚〉

気は、知覚と交差し交流している面があるが、知覚では捉えられない気分でもある。この**気分の元は、知覚を納めている五感の認識能力の基底に、基底気分として鎮座している**。私は気分の位置を、このように捉えて、ヘンリ・ベルグソン（1859—1941）の『物質と知覚』（1910）や『創造的進化』（1932）などを参考にして、気分を知覚の側面から考えてみたい。

ベルグソンの研究の急所は、硬直した物心二元論の克服であったと考える。彼は知覚の運動図式を解明し、認識主観の基底能力とされる、思考（悟性）の判断能力と、感覚器官による知覚能力の二元論的分析にストップをかけた。知覚は、それ自体に豊かな認識能力をそなえている。現実の知覚は、空間知覚であるとともに、時間的動きを含む知覚である。それだけではなく、空間的知覚には、必ず時間的持続が浸透している。それで、実在とは、空間のうちにありながら、常に継起し、創造的に進化する生ける精神（躍動する生命）である。

ベルグソンの知覚論は、生命の創造的進化を担う、実在の形而上学である。したがって、一方の極で、純粋知覚の極限として見出される物質の世界（空間）と、他方の極で、純粋記憶とし見出される心の世界（時間）は、抽象的な二極化であって、現実の実在は生命の躍動で、両者を結びつけている。それで物と心は、生ける個体の生命においても、相互浸透し、一時期、個体的生命として結合し合う、ゆるやかな二元論に融和するのである。

以上、ベルグソン哲学の簡単な意訳において、私の留意するのは、彼の知覚の形而上学ではなく、彼がその局面として描く個体の生命である。個体の生命は、物と心とが相互浸透し、一時期、一体となって生命を躍動させる。端的にいえば、知覚が生命の躍動の元（基体）なのだ。

そう考えることができれば、私は、ベルグソンが個体の生命に与えた知覚の機能を、気の機能に読みかえることが可能ではないか、と考える。いや、そういう気がする、といってもよい。しかも、気は、知覚よりも、個体としての身体の奥深く、身体の核、芯《しん》をなしている。気は、心や知覚の〈気根〉ではないか。

〈気根〉は、身体中に網の目のように配備された多くの気を統括し、世界（世間）に向かって受信し、発信する。その意味で、〈気根〉は、個体の生命基、生命根であって、人格形成の元ではないか。身体には、〈気の言語ゲーム〉が、クモの糸のように張りめぐらされているのである。その意味で、気の言語ゲームは、神経細胞回路とシナプスの関係にたとえてもよい。

ベルグソンの『笑い』（1900）は、すでに、彼が展開した知覚論の元、笑いの躍動を語っていたのではなかろうか。

## 2　メルロ＝ポンチの〈身体〉

身体性の能力を、哲学的に開拓・開発し、展開してみせたのはメルロ＝ポンチ（1908—1961）である。彼が『眼と精神』『知覚の現象学』『弁証法の冒険』などで展開した思想は、ベルグソンと同じく、硬直した物心二元論の克服であった。

『知覚の現象学』（1945）の序文は、次の文章で始められている。「現象学の最も主要な収穫は、極端な主観主義と極端な客観主義とを接合させることである」。

私たちは、認識することを通じて、現実を捉えようとするが、現実とは既成の固定した事物ではなく、絶えず生成するものであるから、なかなか認識することはできない。彼にとって弁証法とは、この認識と現実との、不断の反目と和合の両義的な循環関係を探求することである。

メルロ＝ポンチのいう認識の主体は、さまざまな対人関係や複雑な環境に立ち向かう〈身体性〉である。この身体性は、純粋意識から生まれるものではなく、逆に身体性から生まれるのが意識である。彼は人間主体を、何よりもまず、身体性を基として捉えている。

身体性は、生きられた、そして生きられる身体にそなわっている。この身体から、知覚の遠近法的視界が放射される。遠近法は、身体性が存在に通じる窓である。遠近法的に放射される奥行、厚み、ボリュームなどは、身体が〈ある〉ことの基本的条件である。人（身体）は、このような身体性を遠近法的に延び伸びと世界（世間）へ向けて放射しながら、生活しているのである。

たとえば、奥行は、私のいる〈ここ〉から、〈そちら〉へ測られる。奥行をみているとき、私は身体として、ここに存在する。しかし身体をもたない心、意識、精神といったものは、そこを指定するここが定まっていないから、みえてこない。したがって、いたるところに偏在するといわれる神は、ここということが無意味であるから、神に奥行、厚み、ボリュームなどは与えられないし、物としてみえてくることもない。

メルロ＝ポンチは、このようにして、遠近法の放射する源泉としての、生きられた身体の実在感を確かめる。遠近法という言葉は、みる機能に最も適しているが、きく、ふれる、味わうなどの五官（五感）の機能にも適用できる、人はこのような五感で、ふれる感触、きく感触をデリケートに分別している。たとえば、きく感触の遠近法――声の高低、音の柔らかさや硬さ、楽器の音色など。人は五感を遠近法的に感じ、知覚し、認識している。人は五感（五官）を軸として、身体性を空間的に開いている。こう考えると、メルロ＝ポンチの遠近法は、一種の言語ゲームと解釈できるのではなかろうか。

そこでメルロ＝ポンチの身体論を、私は次のようにまとめておく。

彼の身体論は、身体であることを、生きることの基本的制約として、日常的な経験の世界に投げ出された身体を語る。そして人間主体の基本的な存在意義は、身体として受肉された運命を、覚悟して負いつつ、しかもこの運命を超えようと、世界へ向かって身を挺《てい》して行動することである。

両義性の哲学を説くメルロ＝ポンチが、行動する身体に確信がもてたのは、彼が生きた時代背景にあるであろう。彼は、ヨーロッパがナチスに制圧されつつあった第二次世界大戦のさ中に、ナチズム（ファシズム）に抵抗する体験と思索を重ねた。そしてナチスが崩壊した後は、かつてはナチスとともに戦ったソ連が、教条主義的な共産主義を牛じるスターリン支配に固まっていく傾向を知って、再び思想の柔軟性を求めて、『弁証法の冒険』（1955）を書いた。精神の自由、いや両義性の哲学からすると、身体性の自由を閉ざすナチズムとスターリニズムに抗して、身体性に根ざす生の躍動を、行動で示すことを主張したのである。この面で、彼はベルグソン哲学の躍動する生の思想を、強く受け継いでいたといえるのであろう。

さて、私は先に、メルロ＝ポンチの遠近法を、言語ゲームと読み直せるのではないか、と書いた。しかしそうすると、彼の思想のレベルと、私の所論には、位相的な違いがあることに気づく。彼の両義性の哲学は、二つの神学——有神論と無神論——の間に、生きられた身体の証拠（奥行、厚み、ヴォリュームなど）のある遠近法的空間を、包括的に確立することであった。それで一般論的に、〈受肉された身体〉を論じているので、実際にここにそしてそこに、生《なま》の身体として生活する人びとの息吹《いぶき》（呼吸）が、直《じか》に伝わってこないように思える。

その理由は、理論家は哲学的一般論を論じ、実践家はその理論にしたがって行動するということで、何ら問題は生じないようにも思われる。確かに彼の身体論と、彼がナチズムやスターリニズムと戦った実践、その思想と行動は、しっかりと結びついている。しかし、いずれハイデッガーの理論と実践について述べる際に指摘するが、理論と実践とは、まったく結びつかない場合もあるのである。

そこで私は、理論と実践とが、個人の立場で始めから結びつく根拠を求めて、〈気分〉の役割を考えてきたのである。**理論と実践とを個人が結びつける元は、気分であると**考えている。

## 1　ハイデッガーの〈気分〉

マルチン・ハイデッガー（1884―1976）が、『存在と時間』（1927）を公刊した時期は、第一次世界大戦（1914―1918）に敗北したドイツが、ある方向へ突き進んでいく運命的な時期と重なっていた。敗戦によって連合諸国から科せられた膨大な賠償金、ニューヨークのウォール街で弾けた世界恐慌（1929）、この打撃をまともに受けたドイツ。

この激動の過程で、ドイツ労働党（ナチスの前身）の党首、ヒトラー（1889―1945）は、ミュンヘン暴動を指揮したが、失敗し投獄された。獄中で『我が闘争』を書き、ドイツ国家の危機と、名誉ある伝統を誇るアーリア民族の再生を強く訴えた。他方ドイツの民衆も、国家的危機

## ハイデッガーの思索と体験

や社会的不安の解決を、議会や民主的政党に求めるなまぬるい手段を断念し、強力な指導者による独裁的な国家再興を強く求める傾向にあった。

　このおおざっぱな時代のスケッチから推しても、同時代のドイツで、哲学思索に専念していた若き哲学徒、ハイデッガーが、時代の暗い雰囲気を、どのように彼自身の気分に同化し、呼吸していたかを、私たちはほぼ推察することができるであろう。そしてハイデッガーが、時代の暗さと、その暗さの染みこんだ一市民としてのゆううつな気分を、ともに晴らす方向を、ヒトラーの扇動的で熱狂的な演説の中に求めたとしても、それはそれとして、うなづけるものがある。もちろん、私はこれを認めるものではなく、こうなってしまう偉大な哲学者を前にして、あらためて、哲学とはなんなのか、なんだろう、と疑問を提起することから、ハイデッガーの〈思索と体験〉の仕方に注目するのである。

　そこで、先に結論を出しておく。人はハイデッガーを偉大な哲学者と思うだろうが、彼の気分や情念は、群集心理に動かされる面では、彼が蔑視する大衆となんら変らないのだ。

ハイデッガーの哲学者としての構えは、基本的に、一般大衆の生の構えと、違っていた。大衆にとって、不安とは生きることの不安であって、死の不安があれば、まず生きることの不安を除くことだ。それが死の不安を除くことになる。大衆は、できるだけ死の不安から解放されて、生きたいのだ。この大衆に死の不安を呼び起こしても、大衆はこの不安からの解放を、どこへ、誰に求めたらよいのか。結論を先にいえば、大衆はヒトラーへ、そしてハイデッガーもヒトラーへ求めることになったのではないか。皮肉な一致ではある。

さて、ハイデッガーは、〈内在的超越〉という用語を使う。人は神と同じく、超越者になることはできない。だが、人は三人称で語り合う人から、何事も一人称的な人、〈私〉の責任〈覚悟と決断〉で語る人として生きることは可能である。ハイデッガーは、このことを、現にそこにある存在（被投的な在り方）から、自覚的な存在（企投的在り方）になることだと考えて、〈内在的超越〉と名づけている。それは、投げ出されてあるような世間人から、目標を企てて、それに自分を投げ入れる自覚者、いいかえれば、世間にありながらもこの世間で、自覚的に生きる在り方である。

このように考えれば、さしてなんということもないような悟り（自覚）になってしまうが、しかしハイデッガーの世俗嫌いは徹底しているのである。

「空しい無分別、このような気分の中でこそ、現存在は自分自身に厭《あ》き飽きしている」。「最も無関心で最も無害な日常性」「日常性の気分、現存在の気分は、根源的な在り方としての自分を否認する誤りに陥ってはならない。単なる気分は、現（ここ）を頑固に閉じてしまう」。「現存在は、自分自身を絶えず、世界、日常性へと引渡している。それは、実存論的構えからみると、転落である」。

ハイデッガーは、ひとの日常的在り方を転落と名づけ、その特徴として、①おしゃべり（無駄話）②好奇心 ③あいまいさ、を挙げている。自覚的存在としての〈私〉にとって、これらの特徴は根無し草である。人は常に自分を、顔のないのっぺらぼうのようなひととして、本来的な自分を隠す生活で満足している。この日常的なひとの在り方が、自己疎外の根源なのである。

しかし人は、このような転落に自分を誘う情態に絶えず瀕《ひん》しているが、他方では、この情態でわが家に住まうように住むことを、気味悪くさせる根源的な気分を懐いている。それが不安である。不安は、世間的な日常性の中で、何かのもとに住む、何かと親しむ、くつろぐ、といった世間への転落的な入り浸りから、人を連れ戻す作用をする。この作用は、あの気味悪い気分から、実存的な単独者（実存的な個人）へ、という実存（自分が真の自分自身になること）への、優れた開示の可能性をひそめているのである。

この不安の根源は、もとより死であるが、古来から宗教は死を正面から見据えることを恐れ、死の問題を回避してきた。そして神への信仰を説くことによって、死を来世の生へ転換した。これに対しハイデッガーは、死を覚悟することによって、死への実存を説く。彼の説く死の根本的特徴は、次のように要約されるであろう。

① 死は本来の自分が死ぬのである。
② 死は自分自身にかかわり、ただ独りで死ぬ。
③ 死は追い越すことのできない、すべての終末である。
④ 死は最も確実である。人が死ぬ、という死は三人称的な死である。この死を人は追い

越すことができる。しかし自分の死は、追い越すことのできない、確実なことである。

⑤　死は確実であるが、何時《いつ》であるかを規定できない。それゆえに、人は常に死への不安に生きることになる。

このハイデッガーの説は、彼自身が青春期から壮年期にかけて生きたドイツの暗い気分（雰囲気）から脱皮する方向を、第一人称としての実存的な自覚に求めたもの、と解することができよう。それで次のように読める。世間の人の気分は転落である。だが人は、この転落の気分（根無し草）である自分に不安を懐く。この不安の根源は死である。ゆえに人は、死への存在である自分を自覚して、有意義な人生を生きることを決断しなければならない。

このように読むと、私には直ちに次の疑問が浮ぶ。ハイデッガーはまず、日常性の気分、転落の気分を語る。次に、実存的な根源的気分を、死への不安である、という。すると、人は死の不安から眼をそらしていた気分から、死の不安を真正面から見据える気分へ転じることになる。では人は、この気分の転換を、いつどのようにして起こせるのであろうか。日常の生活は転落で、嫌な気分で生きることだとすると、ではこの気分から脱皮した揚句《あげく》、獲得できる死の不安とは、どんな不安または気分なのか。死の不安は、まさに不安な気分なのであるから、人は死を覚悟しても、決して不安から脱皮できない、決して幸せな気分など、生涯、獲得できるわけはあるまい。

ハイデッガーの〈気分〉は、死の先がない以上、超越界への希望もなく、日常性の不安から、死を覚悟した上でわがものとした不安の気分へ、気分を転換しても、決して不安の気分から、生涯、逃れることはできない。いや逃れてはいけないのだ。なんとしても、不安な気分を懐きつつ、人生を過ごすのだ。しかしその人生は悲壮である、というほかはあるまい。

ハイデッガーは、日常性の不安な気分で、いつもその日その日がもたらすものに任せ切りで、ものの本質にまったく無関心な、色褪《あ》せた気抜けの生き方に対して、死への先駆的覚悟性は、人に落着いた気分を与える、という。この世界に投げ出されて、すでに在る過去を引き受けつつ、有限な将来（終末）を覚悟することによって、人は生を現在に充実させ、一瞬一瞬のいまを反復しつつ生きることができる。覚悟を決めた者は、時間を失わず、時熟した生き方をすることができる、という。しかし、私からみると、これではまるで賢者か僧侶の悟りの境地である、といわざるをえない。俗世間から離れ、高野山で修業する僧を想像してしまう。ハイデッガーは、西洋型の哲学僧なのであろう。

ハイデッガーは、世界の在り方を、一方で世俗的転落と捉えてしまうから、決断によって死を覚悟してみても、実際に世俗の中でどのような生き方をすればよいのかは、なんら具体的に出てこない。死の決断や覚悟性を語っても、そのことと、具体的にどのような生き方をすればよのか、ということはまったく別な事柄なのだ。

ところが、ハイデッガー自身は、二重の不安の気分に立ち向かい、世俗の気分から脱皮し、先駆的な覚悟性をもって、自分を実存的な自己として確立するよりどころを、どこに、どんな思想に、そしてどんな人物に求めたのだろうか。

その行きつく先は、ナチスの扇動的な思想であった。ナチズムは、ドイツの伝統・民族・純血・反ユダヤ主義などを、ドイツ国家統一の旗印としていた。ところがハイデッガーは、これらの思想を、ドイツ民族への良心の呼び声とみなし、死の不安を克服する方向と考えたのだ。ハイデッガーによるこの決断は、ヒトラー的な転落の騒音（世俗の気分）を、歴史的創造の呼び掛け（大衆を覚酔させる気分）と錯覚する誤りを犯したのである。ヒトラーの思想を哲学的に補佐する役割を果したのである。

ナチス第三帝国崩壊後、ハイデッガーはギリシャ存在論の研究に回帰し、存在論や形而上学に関する論文を多く発表するようになったが、彼がヒトラー時代へのかかわりについて、反省しザンゲしたなどという話は聞いたことはない。形而上学の研究者が、彼の業績をもって現実の問題に口をはさむなどは、「碌《ろく》でもない」ということの証拠で、いい例であるかもしれない。現実の問題、特に国家や民族を、宗教や形而上学で根拠づけるなど、災いの元である。

第二次世界大戦中、わが国でも、すぐれた形而上学者の中に、同じような〈哲学の誤り〉を犯す人びとがいたことが話題になったことがある。国体は虚体になりうることに気づかなかった人びとのことである。しかし、現実はそう簡単に、形而上学や宗教によって包括的に説明できるものではなかろう。私たちの哲学の出発は、体験（経験）から思索へ、であって、思索から体験へ、ではない。そして、この体験を体験の思想へ展開していくのは、身体である。身体

**のほかにはない**。この論点は、これから論じていくことになる。

## 4 クローチェの〈生の歴史〉

イタリアの歴史哲学者、ベネディット・クローチェ（1866―1952）は、反ファシズム運動の闘士であった。彼は壮年期に書いた『歴史叙述の理論と歴史』（1912）で、歴史はすべて現代史であるという。現代の生の関心のみが、人を動かして過去の事実を探求させる。過去は現代の歴史となることによって、もはや単なる過去の歴史や史料ではなく、現代の関心に応えている。記録とは過去の歴史である。このような歴史は、年代学的記録である。これに対して、古い文献を新しく読む、それができるのは現在の生である。

したがって、歴史はすべて、現在の生から発している。歴史と生との関係は、一つの統一体として理解されるものだ。それは、抽象的な同一化ではなく、生ける人間の、生ける現在からの絶えざる統一と区別（分離）の関係である。そして彼は、この統一と分離を操作する働きの核を、歴史の中で行動する人間の、全体を掌握する直観の能力に求めた。クローチェは、このような脈絡で行動する人間の精神が弁証法だ、と考えて、同志ジェンティーレとともに、新ヘーゲル主義を唱えた。

## ファシズムは生の情熱をもつ

クローチェによるこの生の歴史観は、当時、ファシスト・ムッソリーニの共感をえていたという。ムッソリーニが、イタリアの統合（ファシズムの結党1921）に賭けた、大衆を巻き込み掌握していく熱狂的な演説は、ヒトラーと共通する異様な生の情熱であった。

だからであろうが、ルーマニア生まれの宗教史学者、ミルチァ・エリアーデは、『ルネッサンスの哲学』（1927）の中で、ジェンチーレを交えた人びととの会見談を回想して、こう書いている。ジェンチーレは、クローチェのことを、彼はファシストの先駆者である、といっていたと。しかし〈クローチェをファシズムの先駆者とみる〉この理解に、実に重大な問題がひそんでいるのである。

ファシズム（fascism）は、イタリアの国粋主義、国家社会主義に冠せられたが、動詞化したfascinateは、元来、気合をかけるという意味から、ヘビが蛙などをすくませる、転じて、人の心（魂）を奪う、魅惑する、という意味にまで深刻化していく。またファシズムという言葉は、ニーチェのいう、ニヒリズム（虚無主義）と、これを突破していく情熱を含んでいるとすれば、ファシズムの起源は、生の哲学と一致するであろう。

このように解することが許されるとすれば、歴史を自由な精神の創造活動と捉えるクローチェにとって、ファシズム運動が起こった当初、ファシズムと自分の思想とに、何か同根のものを感じたとしても、直ちに軽率だとされるべきものではなかろう。

だがその後、隆起していくファシズム運動に、ニヒリズムの陰性な気分を感じとったクロー

## ファシズムの悪を見破るのは〈身体の生〉

チェの生の歴史主義は、ニヒリズム克服を掲げる熱狂と頽廃のファシズムと、歴史の中で躍動する生の歴史とは異質であることを、はっきりと峻別したのである。そして、ファシズムと闘ったクローチェは、イタリアの無条件降伏（1942）後、文部大臣や内閣副総理の職にも就き、自由党の党主となった。クローチェは、生の歴史の根を、民衆のうちに、そして個人のうちに根づかせたのである。

しかし、人びとが生の歴史の躍動に共鳴するとしても、それがファシズムの道に通じるのか、個人の生命の尊厳を重んじる道に通じるのか、どちらの道を選ぶかの基準となる起点は、何に、どこに求めたらよいのであろうか。クローチェはおそらく、この起点を、「現在の生の関心」におくであろうが、それだけでは不十分のように思える。もっと明確に、「現在の〈身体の生〉の関心」と改めた方が、クローチェがファシズムと闘った姿勢・構えを、もっとはっきりとさせられるのではないか、と私は考える。

私たちは、心や精神を語るが、心や精神は身体に納められている。身体が死ねば、身体に納められている心や精神も死ぬのだ。そして死は過去となる。死後に語られるその人の想い出や思想は、現に生きている人の心や精神のうちで、甦《よみがえ》ることによってしか生かされない。想い出や思想は、まさにクローチェのいう資料にすぎない。生の歴史の根は身体にある。**歴史に息吹を与え、生きた文化を構成する根は、身体の生である。**ファシズムは身体の生を、始めは狂喜させるが、やがて麻痺させ戦慄させて、最期は殺すのである。

独歩の『忘れえぬ人びと』

小野洋子さんとの出逢い

## 5 クローチェと小野洋子（ヨーコ・オノ）さん

想い出に残る人びとは、ふとした出逢いと、その場の強い印象によることが多い。交流の時間的長短に関せず、一瞬の出逢いでも、忘れえぬ人となることがある。国木田独歩（1871―1908）の『忘れえぬ人々』は、そのような人びとを、強く印象づけた作品であった。

私が学習院大学の哲学科3年になった春、女子高等科から哲学科に入ってきたのが、小野洋子さんであった。当時の哲学研究室は、助手が一人（田島節夫氏　フランス哲学研究者、後に都立大学教授）いるだけで、学生が自由に出入りして雑談できる広い空間があった。五月頃だったか、私はこの空間で、なんとなく独りボケッとしているとき、入ってきたのが小野洋子さんであった。連れの、うなだれ気味の男子学生を前に座らせて、少し離れたところにいた私にもはっきりと聞こえる声で、こういっていた。「ね、人生はネ、いち足《たす》いちは2、というようにはいかないのよ。一度ぐらいのことでなによ」と、お説教しているのだ。男子学生は恋愛で悩んでいたようであったが、姉ご的な説得にうなづいていた。この光景が、彼女を意識した最初で、いまでも印象に残っている場面であった。

秋になり、私が呼びかけ人となって、学生の研究発表会を研究室でやることになった。第一回目は、発起人ということで、私がやることになった。発表のテーマは、「クローチェの歴史観」とした。私は当時、イタリア・ルネサンス研究の泰斗、羽仁五郎が訳した『歴史叙述の理論と歴史』を読んで、いたく感銘していた。それでクローチェの歴史観を、20枚ほどの原稿紙にまとめて発表したのである。話は、「歴史はただ、現代の生の関心のみから書かれる」を、クローチェの記述にそって解説しようとした稚拙な発表にすぎなかった。

十数名の学生が参加していたが、発表会が終った後で、小野洋子さんが近づいてきて、クローチェの歴史観にとても関心をもったので、ぜひ発表の原稿を読ませてほしい、というのだ。私はチュウチョして断った。自分用に鉛筆で乱雑に書いたもので、他人にそれをみせるような代物《しろもの》ではない。彼女はそれでもいいから、と繰り返したが、羽仁さんの訳を直接読んで、といって応じなかったことを記憶している。

そのやりとりの間、彼女は、黒くて大きな目、という感じの眼《まなこ》で、私を見詰めていた。彼女は人と話をするとき、目をそらさずに相手をじっとみる特徴があるように感じた。

そんことがきっかけで、秋の大学祭に、哲学科学生の発表会を催したが、私が司会者となったので、彼女に伝令係として、横に座ってもらった。発表する学生の中には、制限時間を超えて長々とやる者も出たので、早く終わるように書いた紙片を、彼女から発表者に渡すこともあった。

その小野洋子さんが、一年で大学を去った。人気のあった彼女に、同期生が中心となって、ささやかな送別会が研究室であって、私も出席した。彼女は、ある銀行のニューヨーク支店長となる父親についていくことになったとか。

彼女との再会は、その後一切ない。しかし、今でもとき折、テレビで対談している姿が写ると、色づきの小さなめがねの上から、ひょいと覗く仕草があって、好奇心をみせるひとみがのぞいているようで、昔の印象が変らないな、と思う。

## 大学で接した先生方の想い出

ここでちと脱線して、在学中のある雰囲気に触れておきたい。それは、私の〈気根〉説に影響を与えてくれた想い出である。

当時、大学の講堂でほとんど毎週、土曜日の午後、平和問題懇談会主催の、講演会や討論会が催されていた（一九五〇年代中頃で、それ以後、一九六〇年と一九七〇年の、日米安保闘争や、政財界に対する大学の自治独立闘争が高まっていった）。

この講演会や討論会には、平和問題に強い関心をもつ多くの知識人が参加した。学内からは、久野収、清水幾太郎など、学外からは、丸山真男、鶴見俊輔など、拝聴したのを覚えている。

安倍能成院長は、学内で皇室に不尊な言動を取ることには、断乎として許さない態度を持していたが、偏狭なイデオロギーを主張する者でない限り、学内での平和に関する研究と討論には、寛大であった。院長のこの〈寛容の精神〉は、学生である私にも、広くそして自由に学問を学べる安心感を与えてくれていたと思う。

当時の哲学科の教員も、専任、非常勤を問わず、学識と人格で優れた先生方が多かった。その中には、久野収、下村寅太郎、務台理作、矢内原伊作、山本光雄といった先生方がいて、平気で自宅を訪ねるといった親和感があった。皆さん、学生である私を一人の人格者として遇して下さった。

先生方に共通していたことは、学問研究は利害得失では動じない、思想の自由を求める信念であった、と思う。

久野先生にはとくに、哲学は思想であること、そして思想は自由であることを得心させられた。先生の平和問題にかける思想的情熱には、大いに感化され賛同した。

下村先生（東京教育大と兼担）には、西田幾太郎《きたろう》の俊才門下生として、つねに哲学と科学に共通項を求める学問的態度がうかがえた。論理実証主義とは全く逆な統一的人間学である。

務台先生（東京教育大）には、西田哲学の強い影響下に、広く現代社会を批評していく精神が伝わってきた。人と学問とはひとつであることを教えられた。

矢内原先生には、アルベール・カミュが思想を展開中に留学し、帰国した折のある集いで、進行中のカミュ思想の動向にいち早く触れることができた（その後、先生のジャコメッティとの親交を知り、晩年は能を舞う姿をみて、九鬼周造の精神的傾斜と、何かどこか似たものを感じた）。

山本先生（東京都立大）には、ギリシャ哲学のおおらかな精神を学んだ。受講生が少なかったので、冬期は研究室のストーブを囲んで授業をした。たまたま講師給が出た日には、今日は授業よりも、一杯いくか、とジャンケンで負けた学生を目白駅の先まで使いに出して、みんなでウィスキーを呑んだ。雑談中、第二次大戦に徴兵された折の話が出た。一兵卒の先生は、上官からちょっとしたことで、態度や口の利き方が無礼だと、いきなりビンタを喰った。が、先生はとっさに、ビンタを返した。ちょうど小橋のまん中辺で、上官の軍帽が飛んで川に落ちた。相手はどうしたかと聞くと、流れていく帽子を横眼にみながら、呆っけにとられた顔をして、何もいわなかった、という。ギリシャ哲学はおおらかだが、ギリシャ哲学を研究する先生も、自由でおおらかであった。後に京都大学で、ギリシャ哲学の泰斗、田中美知太郎先生の授業で接した、先生のおおらかな人格と広い学識に共通するものを感じた。

安倍院長の自宅を突然訪ねて、就職の推薦状を書いていただいたこともある。その件は成就せず、推薦状は返されたので、達筆な毛筆で書かれた長文の巻き紙は、いまも大切に保存してある。そんな寛大で自由な雰囲気の中で、私はクローチェを知り、多くの思想や思想家に関心をもつことができた。触手を広げ、広い視野からものをみる眼、これを私は、気根を養う基礎教育学であると、いまでも信じている。

私のこの体験は、先に書いたように、一九五〇年代の中頃で、その後に、一九六〇年と一九七〇年の日米安保反対闘争があった。平和問題懇談会の思想は、安保反対であった。しかしここで私が問題としたいことは、別なことである。それは、安保反対派は、同時に、大学と産業界の癒着にも反対していたことである。大学は真理を探求する聖域であって、学生は産業界に雇用されるために学んでいるのではない、という主張であった。敢えていえば、この観念的な理念が、ちょうど二つの安保闘争と平行して進行した社会の経済的発展、それはアダム・スミス以降の古典経済学が、ケインズに代表される近代経済学の現実的適用に、切り換えられていく時期でもあった。

## 観念的理念の忘却 実学的理念の支配

そして現在、あの観念的な理念はまったく忘却され、実学的な理念だけが華《はな》やかに、経済界、政界、そして大学を支配している観がある。大学や特に大学院は、実学の高度な研究と、それを修得した学生を産業界に提供する、それが当り前の観がある。しかし、現実の重視があまりにも実学の重視に、観念的な理念が実学的な理念に、虚学が実学に極端に切りかわっていく傾向に、疑念を懐く有識者が、多く出てきてもよい時期にきているのではなかろうか。

しかも、一部の大学では、大学の教員と専門学校の教員に、実学重視であるゆえに、いったいどこに業績上の格差があるのか、問われている始末である。

## 専門だけ学べば、人生の気分はよいか

必要なことは、かつてのカリキュラム、専門と教養の分離という形式的なカリキュラムの分離ではない。どんな専門を目ざす人も、専門領域だけに専念すれば済む、という分離型職業人間の形成をするのではなく、専門人は教養人でもあるという、幅の広い、奥行の深い人間形成の必要であろう。専門への関心の深さや高さは、おのずとこのような人間形成を必要とするのである。それは、私にいわせてもらえば、まずは気根の育成、ということになるのだが。この気根の土壌《じょう》でこそ、虚学と実学は習合するのである。

話題がそれたように思われるかもしれないが、さにあらず。小野洋子さんが変っていないのは、彼女の個人的な人柄である以上に、彼女がジョン・レノンとともに行った、ザ・ビートルズの演奏活動、そして世界の人びとから愛されたジョン・レノンが銃弾に倒れた後、夫の遺志を継いで、世界の平和に賭けたビートルズ音楽の根気強い企画と演奏活動であろう。

## クローチェの生の歴史と、ザ・ビートルズの演奏活動

戦争やテロ、いやどんな殺人でも、人の身体を危《あや》める犯罪、それはジョン・レノンの暗殺と通底しているのだ。小野洋子さんが、私の雑なクローチェ紹介にみせた関心は、彼女の生（気根）の琴線に触れるものがあったのではなかろうか。生を高揚するものに敏感に反応する気根、それはクローチェの生の哲学に対しても、夫ジョン・レノンのロックン・ロールに対しても同じだったのだ。大学一年のとき、クローチェの生の歴史観に、偶然、触れる機会をもった洋子さんと、渡米後ジョン・レノンの、生《なま》の音の鼓動に触れた洋子さんとは、まさに同一人物なのだ。哲学でも、歴史でも、音楽でも、生の鼓動に触れるものがあれば、それは同じ生の躍動を響かせているのだ。私は、この生の鼓動、生の躍動の元を、生の気根と名づけているのである。

## 生の鼓動

一般大衆も、生の鼓動に響くものに歓喜する。だからこそ、敢えて問うておく。ヒトラーやムッソリーニのアジ演説に、いずれ抑圧されることを予感せずに狂喜する群集と、ビートルズの音楽に歓喜する群集。生の気根と思われるものが、善根か悪根かを見分ける、真の生命感に、どのようにしたら気づくことが可能なのだろうか。それこそ、身体の生なのだが。

トリノの冬季五輪の開会式（2006.2.11）で、ヨーコ・オノが亡き夫、ジョン・レノンの「イ

ジョン・レノンの詩の一節

ファシズムは民族の死想

黒沢明監督の映画『生きる』

マジン」の一節を読み上げているのを、テレビで観た。「国境や宗教のない世界を想像してごらん」。

クローチェの生の歴史の「生」は、常に生きている現在の生から、過去を呼び寄せ、未来を目ざす。その生は、元来、国境も宗教も、生を阻害する障害物になりうることを教えているのである。

## 6　ハイデッガーの〈気分〉と、ある市民課長の〈気分〉

人の不安の根元を死と規定しつつ、死の不安を生へ向けて熱狂させたファシスト。このような思想は、死想であって、人の身体を破壊するものだ。この死想の軌道は、ナチ、軍国主義、赤いファシズムなどを中継停留所として、死体焼却炉へ通じている。いや、世界中のいたるところで根強く続いている民族紛争も、民族の死想である。

人の不安な気分の根を、死にあるとした場合、この不安を生きがいに転じるきっかけとなるのは、国家、民族、宗教か、または個人のある種の気構えか。この問いに、個人の側から答える一つの事例を、映画『生きる』（1952　黒沢明監督）に求めてみよう。

ある市役所の市民課長（志村喬《たかし》）は、30年も勤めているが、机に向かう仕事ぶりは、アクビをかみ殺して時間をつぶしているようであった。単純で活発な少女は、隣席の同僚に、「課長さん、何が楽しみで生きているのかしら」とささやいていた。彼女が課長につけたあだ名は、〈生けるミイラ〉であった。退屈すぎる気分で生きている男には、まさに打ってつけのあだ名であった。

その彼も、20年前には、張り切った青年で、上司に新しい企画書を提出したりして仕事に前向きであったが、あるとき上司の引出しに、それまでに自分の提出した書類が、そのままみんな、変色して束ねられてあるのをみて、気力を失っていった。

市民課は、市民と市役所を直接に結びつける役割を果す主旨で設けられていた。市政に対する市民の不平、不満、注文、希望を遠慮なく申し出る窓口であった。

ところがあるとき、子連れの主婦たちが陳情に来た。近くの下水溜《だまり》が臭い、皮膚がかぶれる、蚊が出る、子供の遊び場がない。なんとかしてほしいと口々に訴えると、これを取り次いだ課員の話を、うつ向いて事務を続けながら、課長はひとこと低い声で、そっけなく「土木課!」と、つぶやくようにいった。

さぁ、それからの主婦たちは、たらいまわし。土木課へ行けば地区保健所、次に予防課、下水課、道路課、都市計画課、区画整理課、地区消防所。再び市役所に戻り、教育課へ。そこでそうした方がいいとすすめられて、有力な市会議員宅へ。彼に名刺をもらって、市の助役室へ。ところが助役は、そういう相談・陳情を受けつける窓口として市民課を設けたのだから、そちらへどうぞ。主婦たちは、再び市民課へ行くが、また素気なく「土木課へ」といわれて、激怒して市役所を去る。当時は「バカの壁」どころか、陳情がどこかで消えてしまうような無責任体制が話題になっていた。

さてこんな市役所で、市民課長に異変が起きた。どうも胃がおかしいのだ。彼の毎日は、朝夕、まるで二点間の最短距離は直線であることを地でいくように、家と市役所の往復であった。妻は早く死に、敗戦で復員した一人息子は結婚して二階に住む。彼の日常の家事は、通いのお手伝いさんに任せている。

この課長が珍らしく、二点間の最短距離をそれて、病院に行ったのだ。医師はさり気なく、軽い胃潰瘍と診断。せいぜいおいしいものを食べて、気楽に過ごすことをすすめる。当時はまだ、癌の所在や治療がはっきりつかめない時期で、診断は胃潰瘍とすることが多かった。しかし、病人は単なる胃潰瘍の症状を超えて、苦しみのうちに死んでいく、というのが現実であった。そこで映画も、この場面で市民課長が医師の様子や気配から、自分を胃癌と自覚し、そして画面も癌患者の生存期間はせいぜい半年から一年と設定して、その後の課長の生きざまを追っていく。

胃癌と自覚した瞬間から、この初老の男は動き始めた。病院を出た彼の足下《あしもと》は、極度のヨッパライのそれと同じであった。それでも、息せき切ってわが家に辿りつき、息子の名を呼びながら二階にかけ上がるが、夫婦ともに不在で、そこにヘタヘタと座り込んでいるうちに暗く

## 三文文士の熱弁

なった。夫婦が帰ってきて、不在中の暗い部屋に座っている異様な姿を咎められて、何もいえなかった。夫婦は階段を上がりながら、もうじき退職する父親の退職金を当てにする話を大きな声でしていたのを聞かれたという思いもあって、逆に咎める方が先になってしまった、といういきさつも重なっていた。

それまで市民課長は、酒も呑まず遊びも知らない人生を送ってきた。死の不安に直面して、初めて彼は快楽を求めた。短いであろう人生を、楽しんで生きようとしたのである。スタンドバーに行き、隣の売れない文士と出逢い、癌だと打ち開けた。文士は熱弁を振った。

「貴方の胃癌は、貴方に人生に対する眼を開かせた。人間は軽薄なもんですな。生命がどんなに美しいものかということを、死に直面したとき、はじめて知る。しかし、それだけの人間はなかなかいません。ひどい奴は、死ぬまで人生のなんたるかを知らない。いや、貴方は立派です。その年齢で、過去の自分に反逆しようとしている。わたしはね、そんな反逆精神に打たれたんですよ。あなたはこれまで、人生の下男だった。しかし、いまやその主人になろうとしている。人生を楽しむこと、これは人間の義務ですよ。与えられた生命を無駄にするのは、神に対する冒涜《ぼうとく》ですよ。人間、生きることに貪《どん》欲にならなくちゃ駄目ですよ。貪欲は美徳ですよ。特に人生を楽しもうとする貪欲にはね。さ、行きましょう。貴方は無駄に使った人生を、これから取り返しに行こうじゃないですか。」（『脚本　日本映画の名作』佐藤忠男編、1975、風濤社）

この引用文を読むと、十九世紀の中頃、デンマークの宗教家、ゼーレン・キルケゴール

## キルケゴールの実存の三段階説

（1813—1857）の『実存の三段階説』を連想する。彼は、人が宗教的実存へ到る過程で、快楽⬇倫理⬇宗教（信仰）の段階を通過する、と説く。彼のいう実存の問題とは、人はいかにして本来の自分自身になりうるかを問うことである。その問いを、彼は常にあれか・これかの主体的決断として問い、人は快楽か倫理か、倫理か宗教かを、苦悩のうちに選択せざるをえず、快楽⬇倫理、倫理⬇宗教へと質的に飛躍して、最期は信仰をわがものとする方途を説いたのである。質的飛躍というのは、人は自分の人生態度を決意するさいに、快楽とともに倫理をとか、倫理とともに宗教とか、あるいはこの三つをあわよくば一緒に、というような、〈あれも・これも〉の欲張った量的統合の決断はありえない、という意味である。キルケゴールは、この量的総合をヘーゲルの量的弁証法とみなし、自分の質的弁証法と対決させているのである。

## 市民課長の「快楽的実存」

この説にしたがっていえば、売れない三文《さんもん》文士が得々と語るのは、人は死を予期したとき、快楽的実存を選ぶべきだ、ということになろう。さあ、それからの市民課長は、文士に連れられて歓楽街へくり出す。市役所は毎日無断欠勤。行くは行くは、ダンスホール、バー、キャバレー、ストリップ。ストリップ劇場では、すし詰めの客席の中で、ダンサーを真剣に凝視している顔が、そして快楽を呑み込もうとするような眼が大映しになる。

あるとき、街なかでばったりと少女に出逢う。課長を、生けるミイラとあだ名した少女である。彼女は市役所を辞めたいが、課長が欠勤しているので、印がもらえず困っていたところだった。辞める理由を聞くと、「あそこにいると、退屈で死にそう。毎日、判を押したようにやることが決まっている。新しいことなんか、何も起こらない」。このちょっとした出逢いがきっかけで、彼は彼女を連れて、おしるこ屋、そばや、おすし屋、パチンコなどに興じて、少女を楽しませ、楽しそうにしている少女を見て、課長も楽しむ、という雰囲気であった。

ところがあるとき、喫茶店で少女は、課長につまらなそうな表情でいった。「こんなこと、もう止めましょうよ。同じことのくりかえしでしょ。もう沢山」。そして工場に勤め出した彼女が、バッグから取り出したのは、幼稚な木製のおもちゃであった。「こんなものでも、つくっていると楽しいわよ」。おもちゃは、目玉の大きいウサギで、テーブルに乗せると、左右にカタカタと揺れる。

少女は、事もなげな口調で話す。「私、これを作り出してから、日本中の赤ん坊と仲良しになった気がするのよ」。少女は、毎日食べて、おもちゃを作って、寝て、そんなことで、結構、十分、毎日を楽しく生きている気がするという。そして課長に、いいにくそうにいった。「課長さんも、なにかつくってみたら。でも、あそこでは無理ね」。

この言葉を耳にしながら、彼は急に立ち上がった。彼はいまにも大声を出して、うめきそうな、異様な眼《まなこ》のすわり方をして、少女のことももはや目に入らず、自分をひたすら得心させるような声で、低くつぶやいた。「いやぁ……、無理ぢゃない……。あそこでも……やれば出来る……ただやる気になれば……。」「ふふ……私にも……何か出来る……ふふ、私にもなにか……。」課長、よろめきながら出ていく。少女、あっけにとられて見送っている。

さあ、そのような出来事、きっかけから、課長は新しい生き方を決意し、実行していった。キルケゴール流にいえば、快楽的実存から倫理的実存へ、である。彼は、市民課に陳情に来て、たらいまわしにされていた主婦たちのために、残り少ない命を賭けようとしたのだ。課長は、下水溜《げすいだまり》の埋め立てばかりか、そこに児童公園を造ろうと奮闘し始めたのだ。だが、あの無責任なたらいまわし、からも分かるように、一市民課長の権限がいかに微々たるものかは推察はつく。腰を低くして、土木や公園、建設の部課長、そして助役に、機会をとらえては泣きつくばかりに、ひつようにとりすがる市民課長の姿が印象的に映る。しかし、皆、逃げ腰で取り合わない。

こんな場面もある。また助役室に頼みに行く課長と、助役室から出てきた、一見やくざと分かる男たちとが、廊下で出くわす。彼らは、あの場所の跡地に公園を造られては困る有力者の回わし者である。兄貴分が課長の胸ぐらをぐっとつかんで、すごむ場面もある。「おい、悪いことは言わねー、黙って手を引け」。課長、黙したまま、じっと男の顔を見詰める。男、「チョー、なんとかいえよ……てめえ、生命《いのち》が惜しくねえのか」。課長、相手を見詰めたまま、にまーんと笑う。それは、死を覚悟した課長の恐ろしく不気味で、そして不敵な笑い顔だった。男、一瞬、気圧《けお》されて思わず手を放し、課長の顔を戸惑ったように見詰める。

さあ、あすは児童公園の開園式である。小雪の降る夕方、独りでブランコに揺られている課長の姿を、近隣のおかみさんがけげんそうにみていた。彼はこの映画の主題歌であるラブソン

## 市民課長の実存的行為は伝わったか

グ、「生命《いのち》みじかし　恋せよ乙女《おとめ》　赤き唇　あせぬまに」を低くつぶやくように歌っていた。朝方、課長はそのままの姿勢で死んでいるのが発見された。

通夜の席で、市民課の連中は、課長を偲ぶ話の中で、課長は癌であることを知りながら、児童公園造りのために、あのような狂気的とも思える悲壮な努力をしたのだ、ということに想い到った。課員の一人は、感激して、「我々も課長の遺志を継いで、これからも頑張ろう！」と号泣した。そこに市の助役が、数名の部課長を連れて、儀礼的な感じで通夜に現われた。その席で、おべっかの課長が、皆に聞えるように、こういった。「市民課長があの公園を造ったなどという者たちもいるようだが、助役さんが同意しなかったらダメだったわけで、本当の功績は助役さんですな」。助役は満足気な顔をした。（この助役は、次の市長に立候補するのに、児童公園造りが票集めに有利だとみて、途中から実現に動いた、というのが真相だと取り沙汰されていた）。

さて、課長なき後は、係長が課長に昇格。前の課長と同じように、黙々と執務をしている。そこに、また他の地区の婦人連中が子供連れで、地域のゴミ処理場のことで陳情に来た。カウンターでその陳情を受けたあの感激居士が、その陳情を事務的に課長に伝える。と、課長は顔も上げず、「土木課！」と、低い声で単々と指示していた。

同じ日常性が戻っている。まるで古い池に小石を投じると、そのさざ波は、ほんの一時、岸へ寄せていくが、後は再び、波一つ立たない静寂な古池に戻るのだ。

市民課長が児童公園造りに果した行為は、助役一行の政治的で生臭いあらぬ評価の前に打ち消された。新任課長をはじめ、課員たちは再び旧態に戻った。では課長の行為は、単なる自己満足となるのであろうか。いや、そうではあるまい。世間には、客観的な功績が評価されて、国家的な勲章をもらう者も、社会的に高いとされる地位に就く者もいる。しかし、生けるミイラであった市民課長は、たとえ癌という死を予期する事態をきっかけとしたとしても、本当の自分、自分の実存的な在り方に目醒めて、初めて生き始めた。そしてその成果が児童公園造りだったとすれば、彼の自己満足は、他人の一切の評価と断絶して、ささやかな倫理的実存に生きたという、彼の心根《こころね》に染み渡っていたと思われる。市民課長には、自分が無名の偉人であるという誇りさえもなかったと思われる。ただこれでいいのだと。この満足感は、課長にきっかけを与えたおもちゃ作りの少女も、実存的決断といった重苦しさはなくても、共有していた。二人とも、ふとしたきっかけから、その過程や重みはいくら違っていても、それぞれのささやかな幸せを見つけたのである。この幸せは、いかめしい大哲学者からすると、第三人称的な世俗の世界に住み、慣れ親しみ、くつろぐことを、なんとも不安と感じない大衆人の出来事とされてしまうのであろうか。大哲学者よりも、市民課長や少女の方が、いとも健康な心をもった大衆人ではなかろうか。

人は誰しも、平素、日常的時間の流れの中に生きている。その流れは、生——老——病——死と続いているとは分かっていても、そういうものだと怪しまない。むしろこの自然的な時間に、人工的な時間のきざみをつけて、今日は何年、何月、何日、何時、何分などと目安をつけて、生活し行動している。この自然的あるいは日常的な時間に抗して、実存的な時間を考えたのがハイデッガーであろう。しかし彼の実存的な時間論は、死を引き受けた生き方を哲学的に論じたが、実際に現実に、どのような生き方をしたらよいのかは、何も示せなかった。しかも、彼自身は一時期、ナチズムを選んだのだ。［⇩図8］

しかし、クローチェ、ヨーコ・オノ、映画の市民課長は、まったく違っていた。日常生活の中に根を張りながら、実存的な生き方を選んだのである。**哲学は形而上学に留まっている限り、何も生まない**。ソクラテスは、自分の対話・問答法を、自分は何も生まないが、相手に真理を産ませる産婆の役をするのだ、と語ったという。果して、形而上学は、産婆の役をなしうるのであろうか。敢えていえば、わが国の哲学研究者には、相変らず、形而上学の学徒が多い、といったら反撥を受けるだけであろうか。

【図8】 ハイデッガーと市民課長の実存的位相

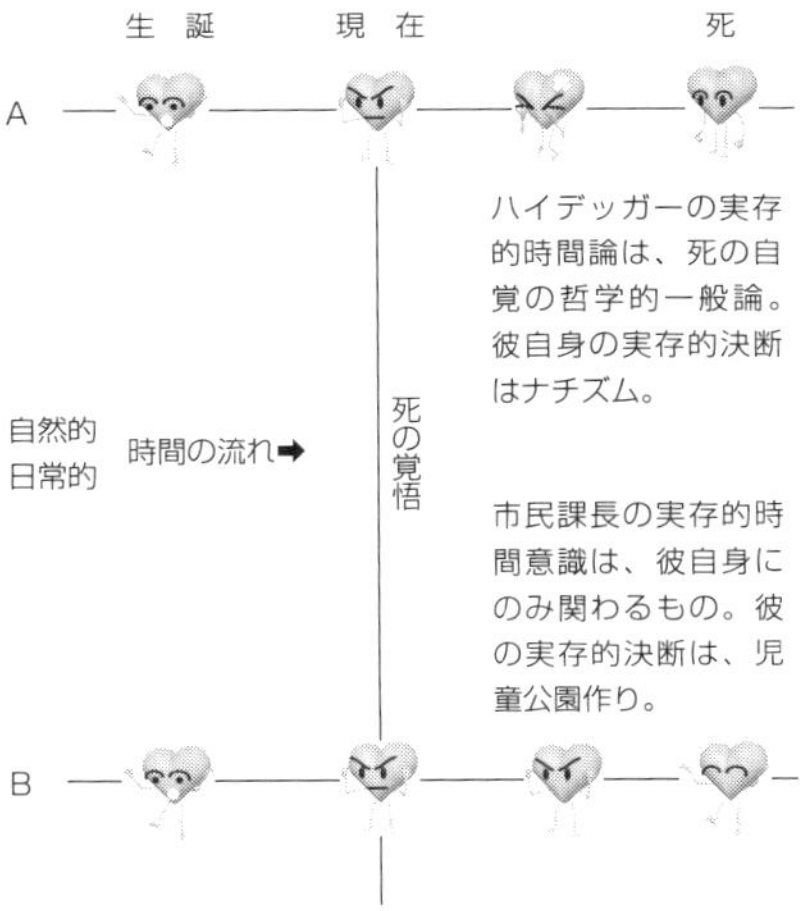

## 7　これまでの、おおよそのまとめ

この本で、私は始めに、やる気のきっかけは、気分だといった。この気分は、すべて生の根っこに通じている。そしてクモは、クモの巣を編みながら、網の中心を占めているように、**人は言語ゲームの中心を占めて、自分の言語ゲームを編んでいるのだ。だから気根は、気分の言語ゲームの根っこなのである**。

理性の役割は、この言語ゲームの枠組み作りを欠かせないが、その機能はあくまでも、人間（クモ）が自分の生活世界（クモの巣）で、気分よく生活していけるための枠組み作りにある。

次に、何人かの哲学者を例に挙げて、彼らの哲学をやや強引に、私の所論に利用した。たとえばベルグソンの知覚の機能を、気分の機能に読みかえてみた。知覚よりも、気分の方が生の根っこに迫りうると思えたからだ。メルロ＝ポンチの身体性の遠近法も、身体性の根っこである気分の遠近法に読みかえた方が、いっそう生の気根に迫りうると思えるからだ。クローチェの〈生の歴史〉は、彼がメルロ＝ポンチと同じく、思想的にも実践的にも、ファシズムと闘ったように、二人の抵抗する精神は、抵抗する生の気根と読みかえた方が、いっそう闘う気構えがはっきりするように考えたからである。後で少し触れるが、西欧の精神病理学では、気分は消極的で内向的、そして非社交的な位相で解釈されている傾向が強いように思える。しかし日本語の〈気分〉は、むしろ積極的で外向的、そして社交的な場面で威力を発揮する、まさに気を吐くような気力を表現する用語や用例が多いと思う。

### ファシズムは、無人称的全体主義

ハイデッガーの〈気分〉に対する私の解釈は、かなり一方的で手厳しいかもしれない。ハイデッガー哲学のファンからすると、ハイデッガーの深遠な哲学を何も知らない、浅はかな奴、ということになるかもしれない。しかしひと（man）が世間でみせる在り方を、おしゃべり、好奇心などの、人をのっぺらぼうの俗物とする在り方と蔑視しながら、他方で、私と貴方という二人称的な社会的交際の在り方を欠落させていたために、ハイデッガーは三人称的なひとからの実存的な脱出を、ヒトラー的全体主義に求めることに参同するほかなかったのではなかろうか。彼は、全体主義は、人に実存を自覚させるどころか、人びとを一種の唐丸籠に押し込めることになるなどとは、夢にも予想できなかったのであろう。これこそ、研究室や書斎で思索する形而上学者の典型ではなかろうか。ハイデッガーは、ファシズムとは、ひとを悩殺する無人称的な全体主義であることに、全く気付かなかったのだ。

### 二人称的な生き方とは

これに比べると、市民課長の生きざまは、三人称的な生けるミイラから、二人称的な生き方への実存的な転換であった。市民課長である〈私〉が、蚊や異臭や皮膚の水かぶれなどを訴える主婦たち（貴方）のために、下水溜を埋め立てて、小さな公園にする必死な闘い。それは私（I）と彼（He）との間に、私に対して君（You）がいることに気づいたことを意味している。それは、市民課長が共同社会の成員であることを認識したことであって、彼は最期の気力を振りしぼって、一つのささやかな物造りをしたのであった。この実践は、生けるミイラとあだ名した、おもちゃ作りの少女のささやかな喜びと通底するものがあった。

さらに敢えていえば、この通底には、先程もちと触れたが、誤解を生まないために、ただし書きが必要である。市民課長は、ハイデッガーのように死の哲学的分析をしたわけではないが、死を覚悟することによって、その後の生き方を倫理的に決断した。おもちゃ作りの少女は、そんな重苦しい決断をしたわけではなく、ふとしたきっかけで、おもちゃに興味をもち、それを通じて日本中の子供たちとつながる、交流しているという意識をもちえた。大哲学者の哲学や、ギリシャ以降の形而上学《けいじじょうがく》を研究することこそ、哲学徒に価すると思っている研究者たちからすると、おもちゃ作りの少女、こんなことに幸せを感じる少女こそ、三人称的なひとの世界に慣れ親しみ、くつろぐことになんの不安も感じない大衆人だ、ということになるのだろうか。私からみると、市民課長も少女も、その生き方は二人称的な実存的生き方だと思えるのだが、いかがなものであろうか。

# Ⅳ

# 気根とカリエス症候群

## 1 九鬼周造の『「いき」の構造』に学ぶ

すでに「気分の地位」(Ⅱの6)で、日本語には〈気〉の意味がとても多様であることを述べておいた。それに応じて、気の用法もまた驚くほど多様である。それで日本人は、個々の気の用法にとどまらず、物事の分析や状況判断の結論でも、ゆえにナニナニと考える、というよりか、ゆえにナニナニという気がする、と語るのである。総合的全体的判断の結論は、思考よりか気分でまとめているのだ。

九鬼周造は『「いき」の構造』(1938)の序文に、「『いき』とは、わが民族に独自な『生き』かたの一つではあるまいか」。と書いている。そして九鬼は、日本語の「いき」に含まれる意味を、三つの特徴に分けて考察している。

**第一**　媚態　異性との関係が、〈いき〉の原本的な存在を形成している。〈いきごと〉が〈いろごと〉を、いきな話は異性との交渉を意味していた。なまめかしさ、つやっぽさ、色気の意味もある。

**第二**　いき(意気)の元は意気地《いきじ》。このいきじの変化が〈いくじ〉で、考えをつらぬこうとする心を意味する。江戸文化の道徳的理想で、生粋の江戸っ子の誇り、気立が粋、などを表している。

**第三**　諦め　執着を離脱した無関心。垢抜け、あっさり、すっきりした心持、諦めに基づく括淡《かったん》、を意味する。

この三つの特徴を合わせて、九鬼は「いき」を定義して、垢抜けして（諦）、張のある（生意地）、色っぽさ（媚態）、と書いている。彼の文章で表現すると、「『いき』は、武士道の理想主義と仏教の非現実性とに対して、不離の内的関係に立っている。運命によって『諦め』を得た『媚態』が『意気地』の自由に生きるのが『いき』である」ということになる。

九鬼周造は、こうして日本民族に独自な、特に江戸時代の、一定の倫理性をもった階層の、いきの体験（生きざま）を、三つの特徴で表現しようとしたのである。それは、いいかえれば、江戸文化の一定の美意識を、一種の言語ゲームとして表現した、といってもよいであろう。文化は、家族的類似性をもった一つの言語ゲームを構成しているのだ。私はこのことを、先に「ウィトゲンシュタインの言語ゲーム」（IIの1）で学習しておいた。言語は、互いに重なったり交叉したりする複雑な類似性の網の目からできている。この網の目を編んでいる目の網が、一つの生活様式、一つの文化を構成しているのである。このように捉えると、九鬼周造の「いき」は、一つの文化的言語ゲームとして理解してもよいであろう。このように考えて、「いき」の特徴を、九鬼の説明にそって、さらにスケッチしてみよう。

「気」が身体に表れる特徴。

**聴覚に対応するもの**　言葉使い　もののいい振り　語尾の抑揚

**視覚に対応するもの**　姿勢（湯上がり姿）　身振りなどを含めた表情（ほっそりとした柳腰）

全身（うすものを身にまとう）

**顔面の表情が〈いき〉になるには**　眼——横眼、上眼《うわめ》、伏眼、流し眼

口——弛緩と緊張、唇の微妙なリズム、口紅

頬——微笑の音階を司《つかさど》っていて表情上重要　薄化粧

**その他**　左褄《づま》をとる、素足、〈いき〉の身体的、特に視覚的表現に重要な、全身、頭部、頸《けい》部《ぶ》（くび）、足や手の動き、色（褐色か茶色）、横より縦縞《じま》　趣味・体験（味覚、臭覚・匂い、触覚・舌ざわり、色合、音色）

以上の簡単なデッサンでも、九鬼の〈いき〉の特徴には、女の形を念頭におきすぎた感がある。先の三つの特徴でも、第一の媚態がそうだし、第二のいき（意気）でも、江戸の芸妓（芸者）のあだっぽさが念頭に浮ぶ。第三の諦めは、武士道の理想主義と仏教の非現実性に対して、不離の内的関係に立つ、などと男の形を述べているようにしているが、九鬼の念頭には、どうも、いつでも女の形が不離のようである。このことはやはり、彼が祇園のお茶屋で、芸子や舞

子の姿態や立ち振る舞いに接した風情《ふぜい》（味合い・おもむき）が、江戸の芸妓に移されているような、あるいは両方がダブっているような意味合いを感じる。

そうであっても、九鬼の〈いき〉は、いきな身体を表現しているのか、または身体のいきを表現しているのか、どちらにせよ、ある時代、ある時期の日本人の独特で微妙な感性と気分に、一連の言語ゲーム的な形を与えたのである。ヨーロッパ留学中、九鬼はフッサール、ハイデッガー、ベルグソンに、直《じか》に学び、彼らの優れた哲学を摂取した（九鬼には、優れた研究書『西洋近世哲学史稿』上下がある。（1948）岩波書店）。それでいて、九鬼は彼らの哲学の単なる紹介や翻訳でなく、独自な日本型の哲学を考案し成果を挙げた。その点で、私は九鬼周造の哲学的業績を、西田幾太郎の水準で評価してよいものと考えている。

九鬼の〈いき〉の構造分析は、いき（意気）の二つの機能を、絶妙な仕様で仕上げている点でも、注目すべきであろう。すなわち、一方では、生理的に生きること（生きるための生理的条件）が、意気ざし（いきづかい）として迫ってくる。他方では、精神的な生き方（行き方）が心意気として迫ってくる。この二つの働きを、そのつど接続させ合体させているのが、私にいわせれば、〈五体・五感・五蘊《うん》である身体〉の根っこ（気根）なのである。**生理的生と精神的生とを結合しているいきの根っこ（気根）こそ、人が現に生きている生気・活気の源泉なのである。**私は九鬼周造のいきの構造に学びながら、このような問題に、私なりの分析を加えていこうと考えている。

## 2　菩薩の言語ゲームと俗人の言語ゲーム

私は、九鬼周造の〈いき〉を学んだ折、彼の身体観における〈いき〉は、五体・五感・五蘊《うん》である身体の〈気根〉に通じる、と書いた。いきは、生の根っことしての気分である、と書いておいた。また先に（Ⅱの4）、理性の機能を、言語ゲームの枠組み作りだと考えた。理性の機能は、網の目を編み、網の形を作る。いわば枠組み作りの職人である。クモが吐く糸の模様や型作りである。

そこで続けて、私の自論を述べておく。私の自論は、『般若心経』の思想に即しながら、この思想に反論する立場をとる、という俗人の思想である。

『般若心経』によれば、仏教思想の根幹は、〈空〉の悟りである。仏教でいう色《しき》とは、形ある物質のことであるから、この世の形あるものは、すべて色ということになる。現世は、色の世界である。さらに仏教では、五蘊《うん》といって、色の他に、受（感情）、想（知覚）、行（意志）、識（意識）という、形のない精神作用も、これ空なりとされる。

この世で実体とされるもの、すなわち五つの感覚器（目、耳、鼻、舌、皮膚）と、その働きである五つの感覚（みる、きく、かぐ、あじわう、さわる）、さらに表象作用、意志、身体《からだ》、心など、人間の生の営みであるすべての現象は、ひとまず「これ空なり」として否定される。色即是空——色はすなわちこれ空なり、である。仏教では、この世の実体を一切、実体なき現象にすぎないと否定し尽すことによって、逆に初めて一切の現象が、その本質・実相において、縁起で結ばれていることを悟る。この悟りが、空即是色——空はすなわちこれ色なり、という達観の境地である。ここで達観される境地は、一切のものを縁起でつなげている菩薩の言語ゲームであろう。

　しかし私は、この悟りの境地、菩薩の言語ゲームをとらない、宗教でなく、倫理をとる。この世に住む凡夫にとって、「色はすなわちこれ空なり。」と悟れ、ということは、生きがいを喪失した失意の、絶望の境地であろう。デンマークの宗教家、キルケゴールは、「絶望とは信仰を失うことである」といったが、この世の凡夫にとって、絶望とは逆に、五体・五感・五蘊を失うことであろう。

　**人びとは、たとえ挫折することがあっても、絶望しないで再起して、できるだけ五体・五感・五蘊である身体を開花させ、人生を充実させ、楽しみたいのだ。**信仰は、人生の先のことだと考えたいのだ。人びとは、自分の人生が悲惨であると思うとき、堕ちていく彼方が地獄であることを恐れて、神や仏に縋《すが》ろうとする。だが自分の人生が暗いときでも、精進努力することによって、環境を押し開いていけると思えば、直ちに宗教に頼らない。その前に、この世での自分の生を、十分に全うすることを先にする。生の欲望とは、それほどに強いのだ。人は常に、五体・五感・五蘊である身体として生きているのだ。もしこのような身体に、不備や欠陥が生じれば、それに対処する治療はある。医学、経済、政治、教育、哲学などは、そのための治療対策と考えてよい。現世における身体重視の思想に反しなければ、宗教の教訓（説話）も、精神修養に大いに役立つであろう。儒教や道教の教えも、人生のよき教訓になるであろう。

信仰心は、人生で切羽詰まった心から生まれるよりも、豊かで充実した人生を全うしたと思う心から生まれることが望ましい。信仰心は、不幸から始まるよりも、幸福から始まる。これこそ真の信仰ではないか。不幸から始まる信仰は、まさに文字通り、不幸である。まず現世を幸福に生きた彼方に、その証《あかし》として、信仰が意味をもつ。信仰心は、心安らかな感謝の念となって、人びとの心に、切実に満ちていく。俗人の言語ゲームは、五体・五感・五蘊である身体（その基は気根）から、クモの糸のように放射されるのである。この気根こそ、身体の統合覚である。

さて私は、菩薩の言語ゲームと俗人の言語ゲームを語った。この二つの言語ゲームの違いを、他のいい方で表現してみると。菩薩の言語ゲームは、超越界（神や仏の世界）と淪落《りんらく》界（地獄界）の、あれか・これかの二者択一の、いわば強い選択肢で適用されるものである。

宗教の言語は、人びとに、信仰のゲームか地獄のゲームか、あれか・これかの二者択一を問うのだ。この世は、一時的な仮の世であり。人は信仰心を懐くことによって仮の世を生き、いずれ超越界（天国）に召される。これに対し、**倫理の言語は、超越界と淪落界のあいだを問題とする。あれかとこれかのあいだの生き方を問うのだ。あいだは仮の世ではなく、私たちがし**

かと根をおろしている実在界なのである。

人は淪落したくない。淪《りん》は崩れること、堕落である。しかし人は、この世では不幸であり、堕落するから、信仰に縋りつくしかないとすれば、それはまさに不幸な社会での信仰である。この世にそして自分に、自信をもって生きられないから信仰で、というのならば、まるでドラえもんに飼育されたのび太と同じであろう。「天は自らを助ける者を助く」というのは「自助努力による信仰のことで、そして来世は神に召される」、という意味ならば、私たちは誰もこれに反対する理由はないであろう。ただし、あれか・これかでなく、あれとこれとのあいだを重んじて、幸福に生きた後に、天国を望むか無信仰で終るかは、各自の自由であろう。

それで私がここで問題としているのは、この世では、宗教よりも倫理を優先すべきだ、ということである。先に述べたように、人びとはこの世でできるだけ豊かで充実した生活を全うした彼方に、切実な信仰があってもよいというものである。その意味で、倫理の彼方に宗教があっても何ら差し控えない。〈倫〉は古代中国語で、なか・ま、すなわち仲間を意味し、それから転じて、世の中や世間を意味するようになった。この世で人びとが、どのように仲よく生きうるかを問うのが倫理、そして倫理学である。邪教はこの世を、〈生き地獄〉と描写する現世否定の宗教である。だからこそ、私たちはこの世で、五体・五感・五蘊である身体を延び伸びと開放できうる生活空間を求めるのである。クモが糸を吐いて、網を編んでいるように、私たちは〈気根〉から多くの気を吐いて、身体の網を編んでいるのである。［⇩図9］［⇩図10］

身体から放射する「いき」の言語

【図10】 身体が吐く気の糸。神経細胞回路とシナプスにたとえてもよい

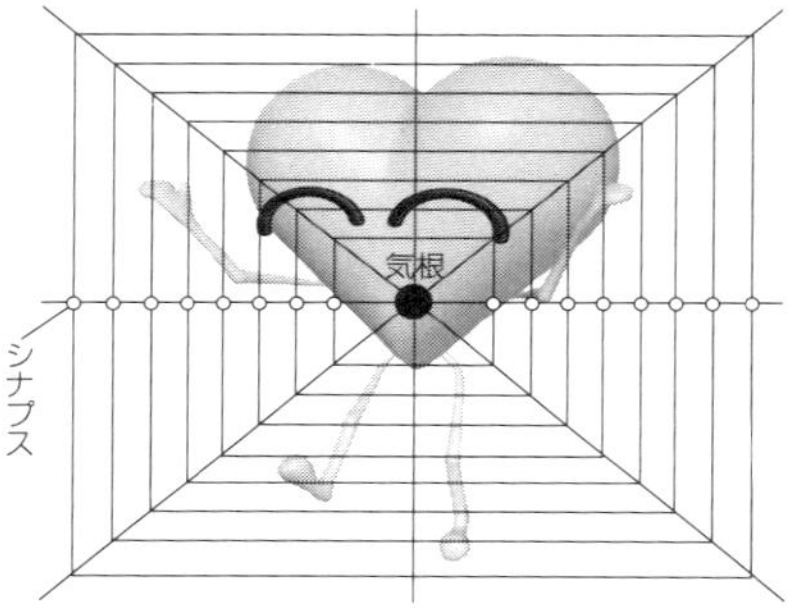


【図9】 俗人の生き方

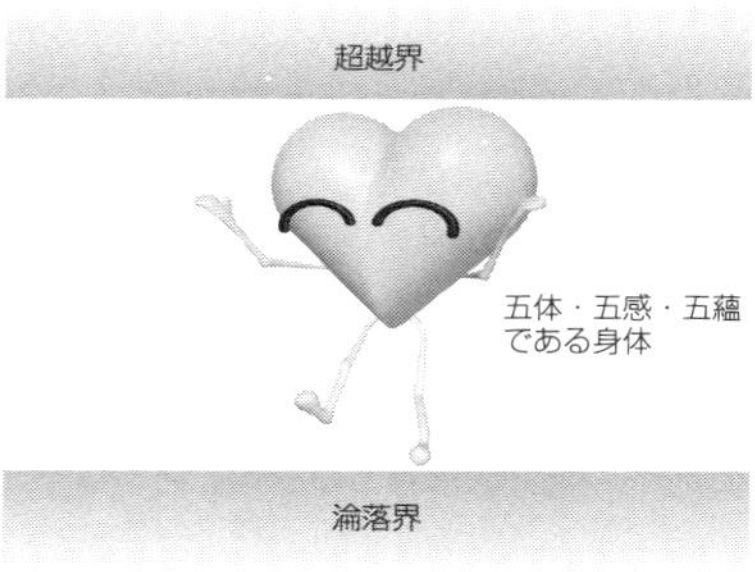


気の用法は（p. 039）に例記しておいたから、ここでは、いき（生・息）の用法を挙げておこう。

① いき（息） 口から吐いたり吸ったりする気体
② 呼吸作用（息をととのえる）
③ いのち（のあるうち）
④ いきおい
⑤ けはい
⑥ 調子、気分（が合う、ぴったりする）
⑦ いきがかかる。（後援をうける。支配のもとにある）
⑧ 息の緒（いのち、呼吸がたえる）
⑨ 息の根（呼吸のもと）
⑩ いきが切れる（呼吸が苦しくなる）
⑪ 息をとめる。息を殺す
⑫ 息をつく（大きく呼吸する。苦しみや緊張が去って、息の続くかぎり）
⑬ 息を引き取る。死ぬ

⑭　息を吹き返す。生きかえる

人はいき（生、息）を身体から放射している。この放射は、気——いき（生）——息を引き取るまで続くのである。そして、この放射の言語ゲームの糸や網は、菩薩の、ではなく、俗人の言語ゲームである。私たちは、一人ひとり、自分の身体から、気——いき（生）——息を放射し、張りめぐらして、毎日を、そして人生を生きていくのである。いき（生・息）ある限り。

## ヨ　文化と身体性は折り合えるか
### ——レヴィ＝ストロース、ヨハン・ホイジンガと現代——

文化と身体性とは、なんらかの形で折り合わなければ、人間の生活社会は成り立たない。未開人にせよ、近代人や現代人にせよ、人間は一定の文化圏の中で生まれ、生活するのであるから、その文化圏あるいはその文化圏を形成している国家や民族から排除されたり、脱出したりしない限り、自分の生まれた文化圏と折り合いをつけて、その中で彼の生活や生きがいをもち、自分の生き方を工夫していかざるをえないであろう。

そのようなことを念頭において、私は九鬼周造の〈いき〉を例にしてみた。たとえ封建制度という大枠の中においても、江戸文化のある階層の人びとのいき方は、言葉使い、姿勢、表情や趣味、芸事、体験の仕方、味覚、臭覚、色合、触覚など、身体性のかなりデリケートな部分にまで、人びとに共通する家族的類似性をもっていて、一種の言語ゲームを形成していたのである。

## 山本常朝の『葉隠』

同じ徳川封建制で固まった十七世紀の初期には『葉隠』が書かれた。鍋島藩の武士、山本常《つね》朝《とも》による武士道の心得（鏡）である。山本常朝は、武士道の真髄を「死の美学――武士道とは死ぬことと見つけたり」と表した。その本意は、主君への御奉公は、常に死を覚悟した、真心をもってこそ全うしうる、という御奉公の境地を述べたものである。

そこで山本常朝は、武士道を守って、主君に仕える身として、武士たる者の心得ておくべき座右の倫理を、こと細かく記している。たとえば、人に忠告する際の心得、議論の場の心得、つき合い方、人の使い方、口を慎むもののいい方、訪問や酒席での作法、人の和をはかる心得など。これらの心得は、主君に仕える武士たるものの、公私にわたる生活上の言語ゲームといってよいであろう。御奉公と生活上の礼儀作法が、親和性をなして、結び合っているのである。

このように、一定の文化を言語ゲームとして捉えれば、地球上で文化といわれてもよいものが発生して以来、文化としての言語ゲームは数限りなくあった。そのうち、二つの事例を挙げておこう。

一つは、現代でも、文化果つるところに生活している未開民族の型を捉えた、レヴィ＝ス

## 神話と遊戯

トロースの『野生の思考』(1962)である。他の一つは、文化の起源である言語と宗教から始まり、文化のすべてを〈遊戯の相の下に〉考察した、ヨハン・ホイジンガの『ホモ・ルーデンス』(1938)である。両者の考察の仕方は、非常に違っているようにみえるが、〈野生〉と〈遊戯〉という、文化の本質を、〈人類の生〉の根源に求めている点では共通しているであろう。しかも、野生と遊びとは、根が一つではないか、ともいえるのである。

レヴィ＝ストロースは、未開社会の構造を大別して、三つの面から探求している。①親族論『親族の基本構造』(1949) ②未開思考論『野生の思考』(1962) ③神話論『神話学』(1964—1971)。この三つの書物から、書名合わせではないが、明らかと思えることは、親族——野生——神話と連結する、親和的な未開社会の構造である。そうすると、この基本構造の発見は、現代社会で忘却している人類の深層構造ではあるまいか、という仮説が立てられる。もしこのような仮説が立てられるとすれば、次にはさらに、こんな仮説も可能になろう。

もし現代社会を、「身体性の危機」として捉える場合、現代人が忘却している親族——野生——神話の原始的言語ゲームこそ、現代社会の身体性の危機に警鐘を鳴らす、人類に共通の原型(prototype)になるのではないか。しかし現代社会は、親和的な言語ゲームを、ずい所で遮断し、親和的な言語ゲームは、ずい所で〈剥離の症状〉を呈している。

ヨハン・ホイジンガの『ホモ・ルーデンス』(遊戯人)は、文化の起源を〈遊び〉と捉えている。遊戯は一つの自由な行動であって、子供や動物が遊ぶのは、それに楽しさがあるからで、成人として生活の責任を負っている大人でも、遊戯の自由が喪失した生活が、いかに無意味で虚しいものであるかは、誰でも知っていることである。

しかし遊びは、遊びでありながら、常に真面目と表裏一体となっている。たとえば、スポーツはもともと遊び事であるのに、ルール違反は厳しく非難され、排除される。伝統的行事や日常の儀式やしきたりにも、遊びの要素が含まれている。結婚式はもちろん、葬式にも、遊びの要素があるといったら不謹慎であろうか。

戦国時代の武将は、合戦の際にも、生死を賭けた真剣勝負なのに、互いに位階や姓を名乗り合う、誉れの儀式を交わしていたという。裁判官はいまでも、法衣姿で厳しゅくな表情をして、祭壇のような場所に座っている。現代離れした伝統の維持のうちに、たとえば神主の衣や相撲の儀式（行事の衣装、掛け声など）に、真面目な振舞でありながら遊びの要素が密着している。

ホイジンガは、このような遊びの本質を、日常生活とは別な、日常の必要な欲望の外にありながら、なおかつ人生にとって絶対に欠かせない文化であると考えている。しかし遊びは、ホイジンガのいう日常生活とは別なだけでなく、日常生活の中にもっと溶け込んでいるのではないか。遊びは、日常生活から離れて遊ぶ、という意味だと、日常生活は真面目一方にもなる。しかし豊かな社会になれば、遊びは、日常生活を無味乾燥な場とせずに、日常生活自体の中に含まれるものであってよいであろう。日常生活が文化となるのだ。そうなれば、遊びの文化は、人間性に潤いを与え、実生活を活気づける。仕事は楽しくなり、労働は苦痛ではなくなる。レヴィ＝ストロースの説く思想と関連づければ、親族・野生・神話は、原始民族の踊りで象徴的に統一されていたのでなかろうか。彼らは踊り踊ることで、三つの要素を統一した気分になったのではなかろうか。

もう一度、問題点を整理しながら、現代の問題と連関させて話を進めよう。九鬼周造が江戸期のある階層の文化に形を与えたいきの言語ゲームや、山本常朝が武士道の文化に形を与えた御奉公の言語ゲーム、それはある文化とその文化に浴していた人びとのあいだに、親和性のある身体性を表現していた。ある身振りや仕草をみても、あの時代の文化の型だな、と了解できるものであった。

レヴィ＝ストロースが未開社会の文化に形を与えた親族――野生――神話の言語ゲーム、ヨハン・ホイジンガが遊戯の文化に形を与えた遊戯人の言語ゲーム、もしかすると、**〈神話〉と〈遊戯〉とは、人類文化の起源を表現する、同じものの両面**であるかもしれない。「親族は神を崇《あが》める神性の踊りに興ずる」といったフレーズが想念に浮かんでくる。

ところが現代は、このような悠《ゆう》長な想念に浸っている余裕はない。現代文化は、野性と遊戯の親和的な内的連関性を想像する力を失っている。どちらも**有機的な内的連関を失って、野性と遊戯は剥離し、野性も遊戯も商品化している、現代は商品化の時代である**、とみるのが私の診断である。その予兆となるような事例が、かなり前にあった。「一葉落ちて天下の秋を知る」は、次のような事例にも適用できるであろう。その事例を三つ挙げてみよう。

## 商品化の時代における剥離性症候群の流れ

国産の白黒テレビが普及され始めた頃（1933）、画面にこんな場面が映った。当時、急に店舗を増やしていたある居酒屋の社長が、店長たちを集めて訓示していた。復員帰りの男だが、べらんめい調で立たせたままの店長たちに、まくしたてていた。「お前ら、のれんを開けて入ってくる客をみたら、人間が入ってきたと思うだろう。それがいけんのだ。人間と思えば、客の人相、風采、態度によって、好き嫌いの感情が出て、客扱いに違いが出てくるだろう。だから客が入ってきたら、お札と思え。そうすりゃ、あ、お札が入ってきた、またもうかるぞ、『いらっしゃい、まい度ありー』と、思わずニッコリして、元気のいい挨拶ができるだろう」。

昭和の末か平成に入った頃、その年のテレビコマーシャルの大賞となったコマーシャルに、こんな文句があった。まだあどけない少女が画面で、「同情するなら金をくれ！」と、無邪気な声で叫んでいた。このセリフは、時代の世相を映す一種のブラック・ユーモア（不気味なおかしみ）であって、もちろん、人の心をなごませる文句ではない。だがそのような時世はますます進んで、現在（2006）、村上ファンドの村上世彰氏は、テレビの画面で叫んでいた。「皆さん、みんな金がほしんでしょ。私はただ、もうけすぎたから、うらまれているのでしょ」。

この三例は、金のための仕事、商品化した笑い、表情なき微笑《ほほえみ》、あるいはほくそえみ。こんな言葉からでも、私たちは現代社会や現代人が一種の内的連関剥離症の症状を色濃くしている雰囲気を、うかがい知ることができるであろう。この症状を、私は剥離性症候群と名づけている。心から笑う、という気分、笑いに深みのある表情は、現代人から消えていく。放っておけば、**気根がカリエス（根が腐ってウミが出る）状態になる病気がはびこり、〈表情なき顔〉の社会が濃厚になっていく。**

生きているということ、生きているという自覚は、どういう気分や状態のときか。「生きる」という映画の主人公は、生き始める前は、〈生けるミイラ〉というあだ名がついていた。児童公園を造ろうと決意したとき、彼は本当に生き始めた。それは、気根にかかわる問題である。哲学論争上、昔から身心の一元論と二元論があって、いまだに解決していない。しかし私たちにとっては、そんな論争などどうでもよいであろう。

身心を統一しているのは、気根なのだ。気根が充実していれば、身心は統一しているから、一元論の状態にあるし、生きる気分、気根を失っていれば、身心は分離（剥離）しているから、二元論の状態にある。だから、生けるミイラの状態は二元論である。市民課長は児童公園造りに意欲を燃やしていたとき、彼の身心は一元論であったのである。

## 4　カリエス症候群の時代は深まっている。

先に、菩薩の言語ゲームと俗人の言語ゲームのことを語った。この論議を、私の持論に移して考えてみよう。私たちの人生は、A、超越か淪落かの二者択一で論じるのがよいのか、それ

## 力強い気根の実例、坂口安吾

ともB、超越と淪落のあいだで論じるのがよいのか、という問題である。

Aの思想は、人生の窮《きわ》みは超越界（天国）にあり、あいだの世界（現世）は天国へ救済されるまでの、一時的な仮の生活の場所である。人びとは戒律を守って、信仰に背《そむ》かない社会生活をしながら、天国へ救済される死期を待つ。

Bの思想は、人生の窮みは超越界にあることを認めるとしても、現世で生活しているあいだは、五体・五感・五蘊である身体を充実させて、幸運な人生を全うしたい。

私は〈淪落〉という言葉を使うが、この用語は、坂口安吾の『青春論』（1942）からとったものだ。安吾はこの作品で、「我が青春は淪落だ」と語った。淪落とは堕落のことだ。安吾自身の生き方が、沈淪の緊張であった。不良や無頼の徒は、ただ堕ちているだけである。しかし安吾が自分を無頼派と名のるのは、堕ちた地点（淪落の場所）に身を落しながら、そこを砦《とりで》として世間（あいだ）を批判している。彼は世間のすべての気質、倫理観、人情を解体しようとする。世間を、大衆の、群集の無自覚な場所とみるからである。

だから安吾は、そのような世間から堕ちた地点に立って、初めて不羈《ふき》（ものごとに縛られない）独立の自由を獲得できた。安吾にとって、独立と自由とは一体であった。安吾は、批評の精神の座を、この砦においたのである。

世間から堕ちた地点から、世間という膨大で模然とした、しかも国家権力にも無防備に流される雰囲気に抗して、世間批判をする安吾の強い精神力、それはまさに、私の論じてきた力強

【図11】　坂口安吾の批評の精神

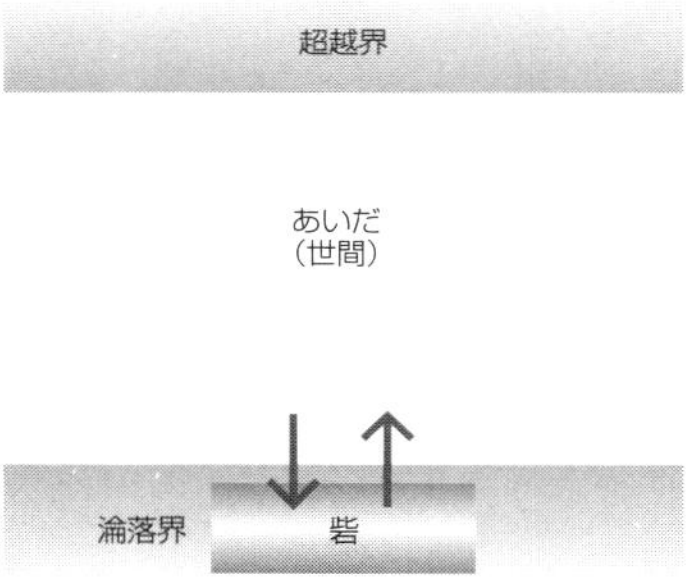


【図12】　あるべき民主主義

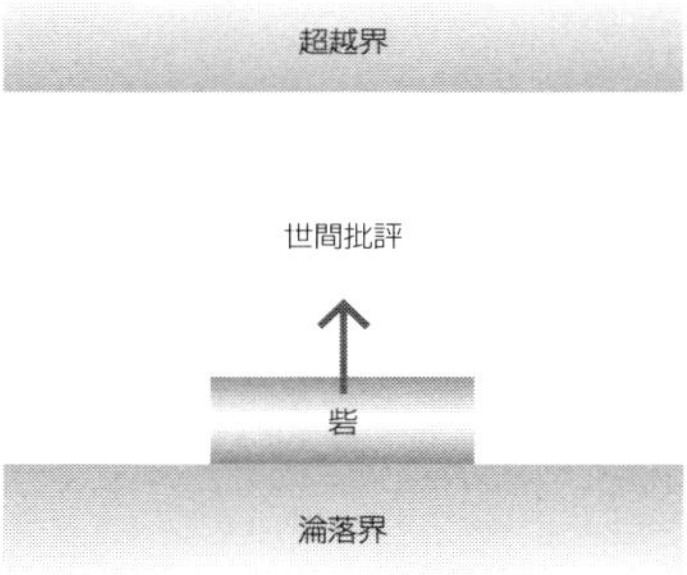


い〈気根〉の実例であろう［⇩図11］。これに比較して、現在、私たちは民主主義の世の中にいるわけであるから、安吾のように世間から堕ちなくとも、世間の中に場所を占めて、自主独立の精神から、自由な発言や行動ができそうなはずである［⇩図12］。

ところが、である。私たちは、このあいだで生活しながら、世間に対する批評の精神をもちえているのか。あるいは幸福な人生を過すことができているのか。この問いには、私たちはそうは思えない社会現象を、すぐさまぞくぞくと挙げることができよう。若者の例でも、ドラえもんに飼育されたのび太のようなキャラ（性格）。集中力なく、飽きっぽく、意志薄弱で自立心がない。保護者のドラえもんがいなくなったら、ニートだ、末はホームレスか。しかしホームレスは、世の片隅で生きる気はある。暴走族は、まだ社会生活に目標をもてずに、〈気力〉を暴走させている段階で、安吾の「青春は淪落だ」に通じる面もある。

## カリエス症候群の社会現象

## カリエスは善悪の感じや観念の分別能力を腐らす

しかし、〈気根〉がカリエス（気腫瘍）症状になっていく若者たちに、青春はない。張り詰めた孤独も、論落（堕落）の自由もない。自殺は、思い詰めた勇気が必要だ。だが〈あいだ〉の生活に生きる気（気根）がなくなれば、自殺は自殺の緊張感なく、ポーとした意識で行われる。また人殺しにも、罪悪感はあるのか。親子、夫婦、兄弟の仲でも、暴力や殺人が増えている。動機はアイマイで、罪悪の感覚や抑止力も稀薄である。良心といった観念も意識していない、意識できない。麻痺しているのか、消えているのか、良心は空洞なのか、死語か。

犯罪は、かつては罪悪感や罪悪の観念がありながら、ある場面（状況）で衝動的に行われた。原因は、貧困とか、意志が弱かったとか、魔が差したとかの反省で済んだ。人は立ち直れる機会が多かった。社会復帰は可能であった。しかし、いまの多発している犯罪現象はどうであろうか。万引き、あき巣、強盗、振り込め詐欺、取り付け詐欺など。この現象は、主に個人や少人数グループの事例だが、この犯罪行為には、善悪の感じも観念も、抑止力になっていないように思える。確信犯でもないのだ。幼い頃から、躾《しつけ》や教育で刷り込んだ感覚や観念がしっかりしていれば、悪いことをした、もうしません、と反省し、後悔し、謝ることで、実際に立ち直れることも多かったであろう。だが、現在、人びとに、そのような感じや観念は、少しでも根づいているのであろうか。いや、そうではあるまい。教育は、そんな刷り込みをする社会規範をもたないし、人びともカリエス症状になっていれば、そんなモラルを押しつけられても、受けつけない。消化不良どころか、嘔吐《おうと》や下痢するだけである。そこで問題は、現代、カリエス症候群の時代が始まっている、いや深まっている、という診断を下さなければならないと、私は考えているのである。

## 5　資本の論理とやまいだれ（疒）症候群

現在進行している犯罪や犯行は、単なる観念上のレベルで、よしあしのお説教をしたり、法的制裁をすれば済む問題ではない。それは、感覚や気分のレベルで生じる気根のカリエス症状からくるものである。そのために、善悪の観念が教育され、鮮明に記憶されても、善悪の感じや気分がカリエス症状になり、機能が麻痺し腐っていたら、人格は、そして人間関係は正常を失う。

やまいだれ（疒）のつく字から、社会現象を占ってみよう。症は、正しい思考や感覚が病にかかり、まさに正常を失ったさまを表現している。心気症とか自閉症とか、その他多くの病気が、ナニナニ症候群などとして使われているが、社会的な雰囲気や諸現象を表現して、テレビ症候群とか犯罪症候群とかに使ってもおかしくない。いまは症候群ばやりだ。実際の病気にでも、社会現象にでも、すぐ症候群と命名される。

病気の病は、やまいだれの中に丙がある。かつては、優良可やＡＢＣに相当する甲乙丙が使われていた。丙は、第三番目の要注意に当る成績である。そして痴は、知の病気だ。痴呆は脳の病気につけられていた。しかし人格上の痴は、知情意三つを円《まどか》にそなえた円満な人格の理想に反して、知がただれ、人格から剥離したことを意味している。谷崎潤一郎の『痴人の愛』は、知性のある人物が魔女のような魅力ある、いわゆる魔性の少女に知がただれていく、まさに痴態を描いている。だがまだそのようなありさまを、正常に見詰めている自分もある。

## 痴識人とは

しかし現代の痴は、人格からの知の分離だけでなく、円《まどか》であるべき知情意が、カリエス症状に冒されて、分離どころか、ぐちゃぐちゃになっていると、私は診断している。たとえば痴漢は、痴漢症候群と名付けて、社会的病根の一つに数えてもよい病である。著名な経済評論家が、エスカレータで女子学生のスカートの中を撮《と》る世相である。知能犯は、痴能犯と書く方が正しいであろう。そしてこのような知識人は、痴識人なのだ。病、症、痴という一連のやまいだれ症候群が、現代社会に顕著だ。**知情意三つをまどかにそなえるべき人格の気根に、カリエス症候群が現われている**、と私は診断している。

## 気根のカリエス症候群と資本の論理

さらに、気根のカリエス症候群は、大きな犯罪にも適用できる。企業の不正会計、談合入札、耐震強度偽装、薬治法違反など、このような事件になると、資本主義の根幹にかかわる問題(病理現象)が出てくる。私の所見では、「資本の論理とは、資本の蓄積と増大である」の一言に尽きる。そしてこの資本の蓄積と増大が、現在、ますます、産業社会を超グローバル化しているのである。

この資本の論理に背《そむ》けば、経営者は失脚、大企業もつぶれる。これを避けようとすれば、大企業は、中・小企業を吸収・合併するだけではなく、大企業間の買収・合併や統合もするし、さらに資本の合理的な効率をはかれば、同一系列の頭上に、ナニナニホールディングスというメガバンク（持ち株会社）を設立せねばならなくなる。このメガバンクは、もはや生産力や生産諸関係のレベルではなく、いわば一種の人工人間の機構である。生ける人間は、この資本の論理を監視・監査するロボットの下で仕事をしなければならないであろう。

またこのような資本の論理下では、各企業は生き延びるためにも、内なる効率至上主義を計り、無駄をはぶかなければならない。その一部が正社員の削減や契約社員、パート、アウトソーシング（外部委託）に転じられる。この過程で、資本の論理は、経営者に、不正や談合を直ちに犯罪とみなされては、経営が成り立たないと考えさせる。経営者は、法と犯罪、この緊張した境界の線引きをめぐって、ときに確信犯的な決断を迫られることもある。もし勇気をもって、内部告発者でも出れば、封殺されかねない。資本の論理の下で、経営者も従業員も苦悩している。現代社会はなんにせよ、資本の論理を無視しては、資本主義どころか、共産主義さえも成り立たない。その意味で、マルクスのいう人間疎外論が、いまでは資本家対労働者の対立ではなく、資本家、経営者、労働者を包括した、人間疎外論の問題として、あらためて大きく取り上げられねばならない時期にきていると、私たちは考えねばなるまい。

その原因は、資本の論理が自己防御力を増し、強大化したことであろう。人間がロボットを造り、このロボットをますます、完全に精巧にすることによって、人間が逆にロボットに使役されていく、といった構図である。新しい疎外が深まっているのだ。

現代資本主義の先端、情報企業は、マルクスが経済的土台（下部構造）として、生産力と生産諸関係は矛盾し、やがてこの矛盾の激化は労働者に、自己疎外している自分を気づかせ、労働者が主体となるための社会主義革命を起こす、という状況にはない。現代、生産力の主体であった人間の労働は、もはや生産力の主体ではない。生産手段の主体であった労働対象（加工される自然や原料）、労働手段（生産用具）である土地、工場、倉庫なども必要でない。他方、

このような生産力と対抗し、下部構造を矛盾に追い込むとされた生産諸関係も、その諸関係の内部は混乱し線引きが難しい。またそれに応じて、上部構造とされるイデオロギー（観念形態）も、鮮明さを失い、境界の線引きができない。さらにそれに応じて、人間の結びつき関係、生産という観点からみた人間の結合関係は、バラバラに解体した［⇩図13］。

その原因は、資本の論理による統御力が激変したからである。別ないい方をすれば、資本の

【図13】　マルクスの構造論スケッチ

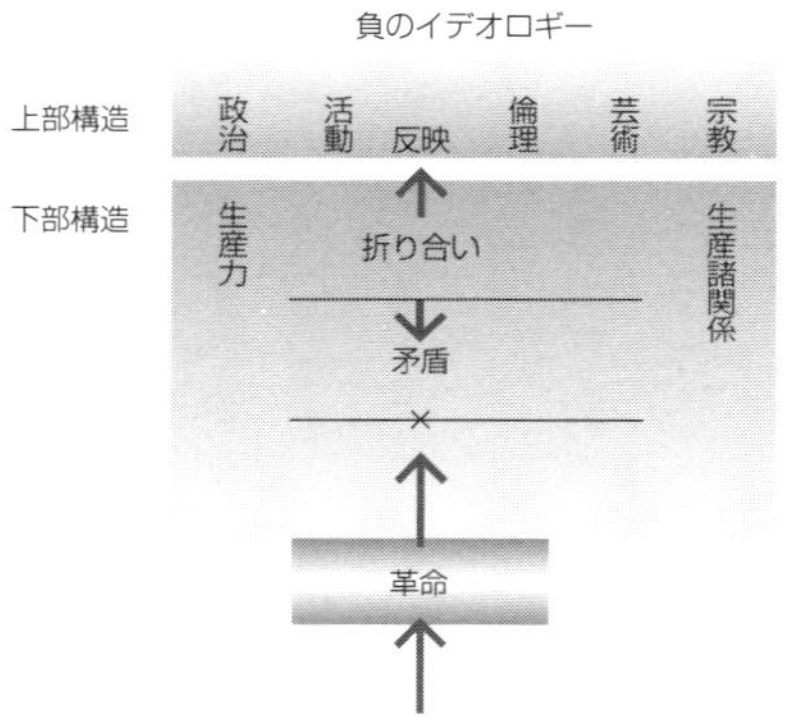


生産主義的社会の矛盾を見越して、人間（労働者）が自覚的主体的に革命を起こし、人間疎外を克服しようとする。

## 資本の蓄積と増大に快感を抱く人間ロボット

論理＝資本の蓄積と増大が何の妨害もなく、ぬくぬくと自己増殖したからである。考えてみれば、アダム・スミスの経済学は、生産主義的産業社会の誕生を意味した。次にこの社会関係の中で激化した対立項として、資本家対労働者を仕立てて（きわ立たせて）、労働者に生産手段の奪取を要求したマルクス。さらにこの資本家と労働者の間に、経営者の役割を位置づけて、資本主義の建て直しを図ったケインズやシュンペータ。その他群小の経済学者や経営学者たち。だが彼らの諸説はすべて、生産主義的産業社会の中での所論であることでは同じであった。いいかえれば、彼らの所論は総じて、アナログ産業社会の枠内に入る点では同根なのである。

ところが、現代の情報化社会は、単なる産業社会の、ではなく、デジタル情報社会の企業がリードし始めている。ポスト産業社会というよりか、情報社会の企業が突出してきた。六本木ヒルズ族などとして象徴されるように、彼らは、生産力も生産諸関係も、直接に所有していない。倒産しかかっている会社ばかりか、むしろ上場企業、なかでも収益をあげている会社を、情報力でキャッチし、模大な資本力をもって株を買占めて、経営権を奪取する。いわゆる、マネー資本主義といわれる市場原理主義がむき出しに支配し出したのである。このマネーゲーム的取引きは、ヒルズ族といわれる人間集団があやつっているようにみえるが、真相はそうではなく、彼らは資本の論理にあやつられたしもべ（部下）にすぎない。資本の蓄積と増大に快感をいだく人間ロボットにすぎない。

もしこの虚構の金融取引きが、生産活動の現場を支配し出したら、どうなるのだろう。上空

## やまいだれの冠をかぶった人間

のデリバティブ取引きの動向・変動次第で、現場の生産・生産力取引きは大混乱し、カタストロフィに陥るであろう。それなのに、金融資本の市場原理主義システムは、ますます、自己増殖し、金融ビッグバン、グローバリゼーションは過剰になっていく。それが自律的な資本の論理だ。浮遊する貨幣の大群が、コンピュータの軌道上に連なって、地球を包囲している。上空の金融取引きが、現場の経済――生産と消費、需要と供給、いやそれどころか、失業、犯罪、就学や就職、セックスや結婚観など、教育的、心理的あるいは精神的場面で、社会問題のすべてに大きく影響を及ぼしてる。

やまいだれ（疒）症候群は、資本の論理の自律化と、この自律化に奉仕する部下《しもべ》（人間ロボット）によって、社会階層を問わず、貧富の差を問わず、資本家、企業家、管理職にあるかないかを問わず、教育にたずさわる人も自営業の人も、公務員も家庭の主婦も、いや老若男女の一切にいきわたっている。資本の自律化に奉仕することによって疎外されるのは、かつてマルクスが主張した労働者だけでなく、資本家も、ケインズの説いた企業家も、子供から老人までに波及しているのである。カリエス症候群は、すべての人びとの〈気根〉を蝕《むしば》み、カリエス（骨腫瘍――気腫瘍）状態にしてしまうのである。その状態にあって、人びとは、価値観も価値感すらも失せてしまうであろう。

人びとは、気根を冒され、考えることに疲れ、やる気を失う。自律の気根を喪失した人間ロボットが犯罪を犯しても、誰が裁けるのであろうか。やまいだれの冠《かんむり》をかぶった人間ロボットは痴や症の病気になるのだ。自分が資本の論理を推進する戦士であると自負している者も、実は勝ち組ではなく、同じくやまいだれ症候群に冒されている人間ロボットなのである。

## 6 バーチャル・リアリティと記号人間

現代フランスの思想家、ジャン・ボードリヤール（1930—　）の問題意識は、現代社会はシミュラークル一色に染められている、というものである。シミュラークルとは、模擬・仮装を意味し、現代社会における物の記号化・関係化は、バーチャル・リアリティ（仮装現実）の出現であると説いている。

ボードリヤールは、この生産物の記号化と記号の関係化、およびこの関係化の操作（情報）は、物の生産を基本としてきた産業社会を、同じ国の中で、やがて第二次産業（後進国産業）へ追い込んでいく、とみる。そのような情報社会で、人間はどうなるのか。

さらにいえば、実際の後進国（発展途上国）も、次に先進国産業社会を段階的に目ざすよりも、後進国から産業社会の段階を一気に跳び越えて、情報企業先進国を目ざすことになれば、先進国の情報化ばかりか、後進国の二段跳び情報化も、同じように人間性を疎外し、シミュラークル化していく状態になるであろう。特に後進国の情報シミュラークル化は、かつてのロシアが、立ち遅れた農業国から、一気に社会革命によって、資本主義国家を跳び越えて、共産主義国家になったのに似ている。もちろん、その後の歴史的事実をみれば、このような共産主義国家は、一世紀も経ずして崩壊している。

### 「アナログからデジタルへ」で一変

アジアや特にアフリカ諸国は、マルクスが分析した産業社会の必要条件すら、まったくというほど整っていない。すなわち生産力の主体となっている人間の労働力は抜群であるが、労働対象（加工される自然や原料）はほとんど未使用であるし、生産手段（生産用具）である土地、工場、倉庫などの必要条件は、全体としてほとんど手をつけられていない。アフリカはそれほど広大であり、また自然的条件が産業社会に適切でもない。そのような条件をかかえるアジアやアフリカ諸国で、ある国の都市に、まるで六本木ヒルズのような建物がそびえて、その一室からマネー資本の情報が世界へ発信、そして世界から送信されてくるとすれば、どういうことになるだろうか。この奇異な二段階跳び発展は、発展途上国を歪《いびつ》な社会にしてしまうであろう。広大な土地と資源をもつアフリカやアジア（とくにインドと中国）と、その逆である日本が、奇しくも同じ情報社会、シミュラークル化したバーチャル・リアリティの支配する社会をめざして、二十一世紀を進んでいくことになる。土地や資源のあるなしに関係なく、**すべてが記号化と記号の関係化の中で、情報処理されてしまう**であろう。

### 安保闘争の理念は喪失

話を別な角度から進めてみよう。あいだの世界が実学を重視するのは、人びとの生活空間を満たすために不可欠である。それも、あの1960年と1970年の日米安保反対闘争の時期を想えば、現在はまったく逆転した時代である。あのときは、学生や労働者までも、安保闘争と同時に、大学は資本主義産業社会へ送り込むための機関ではないとして、大学、産業・政治の分離を主張して闘った。学生による大学封鎖もあった。大学が産業界や政界と癒着するのを拒否するためである。それがまったく逆転した。この安保闘争や大学の自治闘争と同じ時期に、日本の資本主義の担い手が、資本家から経営者へ移っていく変革が進行していたのである。資本主義を進めるリーダーが資本家から企業家に移っていく時代状況を、巧みに捉えたケインズの経営者革命理論を、わが国に取り入れた池田内閣は、経営者の役割と労働者の所得倍増論とをうまく結びつけた。この資本主義の変革理論とその実行によって、安保闘争と大学闘争は、消えていった、とみるのは、一方的すぎるであろうか。

さらに、このような経営者革命や所得倍増論を現実に説きえた最大の原因は、技術革進であるといっても過言ではあるまい。技術革新は、マルクスの指摘する生産力と生産諸関係が現実に矛盾することを、絶えず回避あるいは阻止してきたのである。

この技術革新による資本主義の構造的矛盾の回避は、技術革新がアナログからデジタルへ移行していくにしたがって、再び様相を一変してきたと思われる。アナログ技術では、その操作は、まだ人間の技工や技巧、すなわち技能に託されている部分が大きかった。アナログ技術や技能は、身体や身体性につちかわれて、年季をかけた修業や修練が必要であった。しかしデジタル技術は、原理的に人の手を離れて、一切を自動制御で操作することができる。

## 成功者と呼ばれる人びとの無表情

アナログ技術や技能は、人間社会の基礎であった。いまも依然として基礎であることに変りはない。この技術や技能は、人間の労働力や生産手段と密切に結びついていた。しかしこのアナログ技術や技能は、資本の論理（資本の蓄積と増大）がデジタル情報技術と結びつけば、規模の面からみたら無視しても差し控えない路傍の石ころに等しい。そんなものは、零細な小企業、小工場向けの技術や技能で、放っておいても無視できる。せいぜい下請《う》けにしておけばよい。資本の蓄積と増大は、六本木ヒルズと象徴される、高層ビルのあるフロアーに設置されたコンピュータで処理できる〔⇩図14〕。

この図の骨子は、次のように説明されよう。生産主義的産業社会では、社会主義革命の理論に怯《おび》えた。しかし情報産業社会は、絶えず新たな技術革新を要求し、この革新によって、生産力と生産諸関係の矛盾を、そのつど調停しながら、資本の論理を押し進めてきた。

さて、ここで話題にしたいのは、六本木ヒルズに象徴される成功者といわれる人びとの〈顔〉である。彼らの顔や表情を、テレビや新聞写真でよくみたが、彼らの表情に、内面からこみあげてくる笑いや心からにじんでくるような微笑は、まったくみられない。やさしい、奥ゆかしいほほえみの表情はない。せいぜい、筋肉が笑いのしわを作って

【図14】 情報産業社会スケッチ

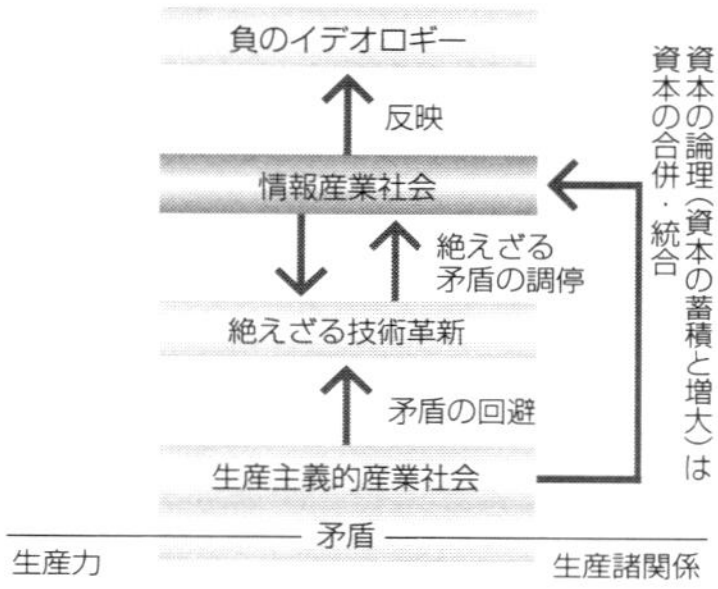

## 生身の交流が疎ましい

いるか、無表情にみえる。目は、白地が多く瞳《ひとみ》にも生彩がない。六本木ヒルズどころか、自宅の一室で数台のパソコンを使って、独り株価の動きを計算している、パソコンお宅人間。彼らは株価の変動と儲けに関心を示すのが趣味（生きがい）であり、最大の娯楽である。一日の大半を、無表情に画面を見詰めて暮す。

生身の交流が疎ましくなっていく。アメリカの仮想小説作家、ウィリアム・ギブスンの作品に、こんな場面が描かれていた。いつもメールで交信して、親友であった二人の少年が、たまたま逢うことになった。出逢った折、一方が、思わずやーといって相手の肩を叩こうとすると、相手の少年は、瞬間的にぎくっと身をそらして肩に触れられることを避けたのである。アナログ人間は、デジタル人間に変身していく。

資本の論理に、元来、国別、家系別などなかったのだ。かつての、独占資本主義と結びついた国家、そして帝国主義による戦争、などというのは、資本の論理がまだ国家や民族と結びついた成長期の資本主義であった。資本の国際流通は、国際連合よりも、もっと通じ合い連合しやすい。国際連合は、各国や各民族が質的に独立性をもっているから、統一見解を出すのが困難である。しかし資本の流通は、数量の流通であるから、どこの国の資本とでも利害が一致すれば、商談はまとまる。ドルもユーロも、ポンドも円も、直ちに相場で交換できる。かつての財閥、三井、住友、安田、三菱など、それぞれの財閥の系列があり、それぞれの直系の家系が中心であった。それがいままでは、直系どころか、まだ残っている三井とか住友とか、合併した三井住友銀行とか、三菱・東京・三和・東海が一つになった三菱（東京）ＵＦＪとか、もはや伝統というよりか、資本の統合にかぶせた便利的な名称にすぎない。資本の論理は数量であるから、銀行名は数字でもよい。資本の量的統合に、実質的な名称は必要ない。みずほとかホクホクとか、もみじとかトマトなどの銀行の名称があるが、その方が土地柄の親和感を出せるからつけた、いわば仮の名ということにすぎまい。

## 感性も理性も記号としての知に換算される

銀行どころか、私たちの生活はすでに実際に記号化され、コンピュータに入力されて、国民総背番号制と同じ仕組みで処理されている。いずれ人間生活の一切は、デジタル水準で処理される時期がくるかもしれない。

本来、感覚的な臭いや味を連想させる名称が、単なる記号の一種として使われている。理性は〈知〉として記号化され、その中味・内実であったはずの感性も〈知〉の一部分に組み入れられ、単なる記号的な〈知〉として操作されるようになった。これが〈知的生産の技術〉の結末だ。感性も理性も記号で操作される知になったのだ。この知が資本の論理と結合して、資本の蓄積と増大を促進し独走させる。しかし、この知も、痴、すなわち知の病にかかる。そうなれば、人間一人ひとりの、人間としての質的な価値など、どうでもよいことになる。

敵対的買収（ＴＯＢ）という用語は、資本の論理の本質をむき出しにした表現である。だが敵対的買収は、企業の規模や株式価値を高めるから、大いにやるべきだということになれば、資本の論理を徹底するのは、弱肉強食の人間ロボットの役目ということになる。元来、〈人間理性〉といわれた人格的意味合いをもったはずの理性は、その中味・内実（感性）をえぐりとられ、単なる〈知〉となった。人間ロボット（戦士）は、この知的生産の技術の執行役員である。現代フランスの批評家、ボードリヤールの言葉を引用すれば、次のようになる。

「ありのままの人間、気分や情熱や笑いやセックスや排泄物をもった人間は、汚ない小さな病原菌、透きとおった宇宙を混乱させる、非理性的な、ウィルスにすぎなくなる（『透きとおった悪』(1990)）。

## 7　カントの倫理と功利主義の倫理
### ――いまさら、というけれど――

ここでまた、固い話を挿入しておきたい。これまで説いてきたカリエス症候群の問題は、在来の論理的思考（認識論）や倫理学（道徳論）ではまったく歯が立たないように思われる。そこでどこに問題があるかをあらためて考えるために、ちと古きにすぎるテーマかもしれないが、カントの倫理と功利主義道徳の関係を考察して、現代の社会倫理の状況につなげていきたい。

カントの倫理と功利主義の倫理を対置する場合、これまでの研究の多くは、次元の異なる論点を同一次元で突き合わせて、両方の違いの方をきわだたせてきたと思う。

## カントの「批判」とは

イマヌエル・カント（1724―1804）の『純粋理性批判』（1781）は、ニュートン（1642―1727）が確立した古典力学（万有引力の法則）をいち早く理解し、その哲学的基礎を明らかにしたといわれる。その場合、注目するのは、題名にある「批判」（Kritik《クリチーク》 英語のcritics）という単語である。カントの批判とは、理性の自己批判のことである。ニュートンの物理学は、数学的自然科学として、普遍性と必然性をもつことは疑いないが、かといって、道徳や宗教の領域にまで、自然科学の法則が適用できるのか。

そこでニュートン物理学の法則は疑いえないものとしても、このような学問の基礎である理性能力の範囲と限界を定めなければ、道徳や宗教の領域が成り立ちえない。それでは、人間とは何か、という最重要な課題を否定することにもなる。そこでカントは、この理性能力の自己批判の成果として、自然科学の扱える範囲と限界を線引し、道徳や宗教の領域が別にあることを示したのである。さらに、形而上学の最大の関心事である、神、自由、不死（霊魂の不滅）は、認識領域で解決できることではなく、そのうちの二つ、神と霊魂の不滅は人間の要請であるとした。もう一つの〈自由〉は、次の『実践理性批判』（1788）の中で、人間の道徳的事実、すなわち自由なくして人間の道徳行為は成り立ちえない、人間性の要《かなめ》であるとしたのである。

さて以上の解釈は、カントの研究者にとって、おおよそ同じであると思われるが、私の注目するのは、カントが認識能力とまったく同じレベルや基準で、実践理性の能力とその範囲・限界を定めようとしたことである。すなわちカントの〈批判〉は、認識の領域（ニュートン物理学）とまったく同じく、道徳の領域にも、〈学問的必然性と普遍性〉のある学が成立できるとすれば、それはどのようなものであるかを解明しようとしたことであろう。その成果が、『実践理性批判』の役割だったのである。

## カントの道徳論

そこでカントは、道徳の最高原則を、命令の形式をとった定言命法で表現した。その命法を少し補足しながら述べれば、次のようになろう。「君の格率（主観的な規則）が、常に同時に、必然性と普遍性のある、万人に妥当する道徳行為となるように行為せよ」。

たとえば、人と約束をした場合、その約束は、他の目的の手段、もし信用を失いたくなければ約束を守れ、というのであれば、その守り方は、仮言命法にしたがう行為で、カントはこれを適法性と名づけている。約束を結果として守りはしたが、人によって守る動機はまちまちであるからだ。これに対し、約束は約束そのことを守ることを目的として、これを純粋な動機から守ること、それは先天的な必然性をそなえた理性が、各自の主観的な規則や意欲をすべて排除して、万人に通用する動機から守ることである。この万人に適用しうる動機を人に命じるものこそ、理性なのであるから、理性の命令は〈良心〉となる。約束は守るべきだから守る、誰に相談することもなく、良心は道徳性（理性）の命じる行為をなしうるのである。

## カントは科学と道徳とを同じ学的水準で扱っている

したがってカントによる道徳性の扱いは、実践理性（道徳）を、理論理性（認識）とまったく同一の学問的基準で扱うこと、そのため道徳的行為の動機に純粋性（必然性と普遍性）を与えたことである。だからカント自身も、古来から誰もが義務として認めてきた事実、たとえば約束を守る、嘘をつかない、正直であること、健康を維持することなど、少数の事例しか挙げられなかったし、その上、これらの義務を理性の命令として純粋な動機から守ることなど、どんな聖賢君主でもありえないといっている。だいたい、道徳の事実を少数事例挙げておいて、その事実の権利根拠を問うなどは、循環論法である。カントがこれを当り前として矛盾を感じなかったのは、ニュートン物理学の、科学としての事実を認識批判的に扱ったのと同じく、道徳的事実を実践理性批判的に扱えば、こういうことになるという、実践理性の理論構築をしてみただけだからであろう。現実に、実際的にこんな厳しい道徳行為など、どこにもありえない。もしウィトゲンシュタイン流にいえば、自分の前期の、論理的記号ゲームと同じく、道徳的理念型の言語ゲームだということになろう。ウィトゲンシュタインの後期の言語ゲームは、前期の厳格で理想的な言語ゲームを一つの極端な言語ゲームとして包括するものであった。

それでカントは、ニュートン物理学の基礎を定める仕事、そして古来から認められてきた道徳的事実の根拠を明らかにする仕事を終えた次に、認識と道徳とを統合する学問を『判断力批判』（1990）という美学批判に求めていくことになる。しかし私の関心は、もはやカントの「批判」にはない。私の関心は、功利主義道徳と対応するカントの道徳論である。

カントの「批判書」は、学としての必然性と普遍性を基準としたが、科学にも経験的領域があるように、道徳にも経験的領域で考察されるのが適している道徳がある。この通俗的といってもいい道徳説を、カントは『人倫の形而上学』（1797）の第二部で、『徳論』の項として論じている。第一部は『法論』である。

この「徳論」は、市民生活の中で、人びとが当面するさまざまな義務（有徳）や義務に反すること（悪徳）が細かく説かれている。たとえば悪徳の例として、虚言、貪欲、卑屈、自殺、不摂生。有徳の例として、尊敬、愛、感謝、同情。その他、高慢、陰口、愚弄などの是非について。そしてこのような行為については、必ず「決疑論」がおかれている。決疑論とは、義務や有徳の持ち方などについて衝突が起きたとき、人びとがどう解釈したらよいのかを判断し、見分けるための議論である。これは、経験によって研ぎ澄まされた判断力を養う問答法である。

ところで、カントの理性と功利主義道徳の理性を、原理・原則の違いから対決させずに、カントが実際にいっている道徳の中味を読むと、功利主義の道徳の内容と、さほど違いはないのではなかろうか。それを、カントの「定言命法」と、ベンサムによる「最大多数の最大幸福」の原理とを一方的に対決させて、中味まで、原則が違うから違った色づけがなされるとみるのは、何か親同士のケンカに、子供たちが付き合わされているようなものだ、と考える。カントの理性と功利主義道徳の理性（共通感覚）は、原理からでなく具体的な内容から読めば、市民生活においてさほど違った義務や行為を課しているわけではないであろう。

カントは新ルター教会にできた一教派で、内面的な信仰を重んじる敬虔《けいけん》派の両親に育ったとか、プロシア的厳格さの国に育ったとか、時計店の店主が定時刻に散歩するカントをみて、店の時計の針を合わせたとか、いろいろと逸話が語られているが、そういうことよりも、カントは和やかに婦人たちと会食をするのを好んだ、という話の方がほほえましい。

カントは形式論理学という、演繹《えんえき》論理学から出発している。演繹とは、幾何学の公理のように、原理・原則を大前提として立て、その大前提から必然的に定理や規則が導き出される方法である。カントが特別に先験的論理学といっているものも、基本は、形式論理学の演繹と同じである。

『人倫の形而上学』第一部の『法論』は、「私法」と「公法」を扱っている。私有財産や国際法の問題である。しかしカントにとって、第一部の法と第二部の道徳の関係は、いわゆる法と道徳という二元論である。同じ義務であっても、法は履行の結果を重んじるし、道徳は、履行の心情を重んじる。その点で、法と道徳とは、個人においても、国家や国際間においても、絶えず研ぎ澄まされた判断力を欠かせない決疑論の問題となる。

そこで、カントの法と道徳のコンフリクト（衝突）の問題が、決疑論の問題として捉えられるとすれば、これはイギリスの功利主義道徳の問題と重なってくると考えられる。

同時代の英国では、ベンサム（1748―1832）の功利主義道徳を発展させ、幸福の中味を量的から質的に高めたといわれるのが、ジョーン・スチュアート・ミル（1806―1873）の『功利主義論』（1851）である。ミルは、帰納論理学を集大成した論理学者でもある。帰納とは、個々の事実や事例に始まり、この事例の集まりの中に共通項を取り出して、できるだけ程度の高い規則を作り出していく方法である。この演繹と帰納、という原理的な方法の違いは、学問的に

## カントの倫理とミルの倫理とは、基準の立て方がまったく異なる

は大きな問題であり、後にヘーゲルの弁証法の機能を適用して、両者を結びつける仮説演繹法という方法論も、アメリカに移植され、調理されると、たとえばジョーン・デューイのプラグマチズム(知性道具論)として展開された。それはそれとして画期的な論理学の展開であるが、ここで問題とするのは、原理・原則でなく、具体的な日常での道徳的問題である。

ミルによる功利主義道徳の例を挙げてみよう。ミルは、尊敬の感覚を、幸福と満足の区別から次のように述べている。「たった一つの動機からでなく、百の行為のうち九九までほかの動機から出ていても、義務の道徳律に反しない限り、それでいっこうに差しつかえない。」「満足した豚であるよりも、不満足な人間である方がよく、満足した馬鹿であるよりも、不満足なソクラテスの方がよい。」

カントの道徳を、『実践理性批判』の定言命法ではなく、『人倫の形而上学』の「道徳」におけば、ベンサムや、特にミルの功利主義道徳と、中味はどちらの側に立っても大差はないであろう。それほどに、生活世界は広く、いろいろな人びとの価値基準や価値感を許容しているのである。カントの倫理とミルの倫理は、原理・原則をきわ立たせなければ、多値的多形的な生活世界のなかで共存しうることであろう。カントとミルが、もし隣り合わせに住んでいたら、お互いの原理・原則にこだわらず、寛容の精神で結構、親しく交際したであろうと想像できる。カントの理性と功利道徳の共通感覚とは、原則からみるのでなく、中味からみれば、市民生活における「寛容の精神」で一致しうるであろう。

## 決議論の重要性

以上で述べた意図は、カントの道徳とベンサムやミルの功利主義道徳とを、定言命法対最大多数の最大幸福で捉えるのは、レベルの違うものを無理に対決させたものではないか、というものである。カントの定言命法は、ニュートン物理学の法則と同じ学問的水準で平行させた、非現実的な一種の理想型である。しかもそれを、演繹論理学が補強している形をとっている。

他方、功利主義道徳は、個々の幸福感の積みかさねで、できるだけ多くの人びとが、できるだけ多くの幸福感を共有できる道徳、それは現実に実際に個々の事実感を集大成していく、帰納論理学の方法と一致している。しかも、ミルの「満足な豚であるよりは不満足なソクラテスであれ。」は、幸福の質を評価しているから、カントがもしこの文章を読む機会があったら、学問的厳密性に囚《とら》われなければ、ほぼ同意していたであろう。

ところで、カントがあの「道徳」で重視した決疑論という、ソクラテス的な問答法は、もちろん功利主義道徳でも重要であろう。人は社会生活の中で、絶えずいろいろな行為や行動の場面で、どれを選らんだらよいか迷い、ときに苦悩し、ときに誤ちを犯し、反省し、といったことを繰り返している。人は彼の行為や行動の、心情を重んじるのか、結果を重んじるのか、責任、良心の呵責《かしやく》など、夜も眠れないほど、心の葛藤に苦悩するものだ。道徳性と適法性、すなわち道徳と法の衝突に苦しみ、それが人びとの人となり、人格の形成の重石《おもし》にもなった。

ところが、このような古典的議論と対比すれば、現在の世の中は、過度に極端に、道徳問題を議論する状況が変化してきた。理性に重きをおくか、感性（感覚）に重きをおくか、といった議論どころか、法と道徳、適法性と道徳性の衝突に苦悩する〈気持〉は、人びとの心から薄れてきた。だいたい「良心の呵責に悩む」などといった言葉は消えている。お蔵入りだ。

ここで、先に挙げた事例（p. 035）を、もう一度、考えてみよう。ある大学の教員が、授業中、万引きをしたことのある学生はいるか、と問うと、多くの学生が手を挙げた、という話である。

この教員は後に、同僚の教員にこういった。この場面で、自分が「人の物を盗むな、公共の利益に反することをするな、良心はあるのか、心がただれているぞ！」といったら、空回りするようで、ただ「ホー」という表情をみせただけで終った、と。学生たちに罪悪感が失せているのか、教員に自信がそこまで失せているのか。恐ろしい話ではないか。

この教員の感想で、〈心がただれているぞ〉といいたかった、という言葉だけが実感として残った。かつて知的生産の技術だとか、〈知〉を開発する大学の理念が高揚され、大学の領域にさえ、〈知〉を強調する題名の教科書が作られていった。**知情意を円《まどか》に供える、という人格形成的な理念から〈知〉が分離し、剥離し、それとともに情と意も解体していった。**知的生産は、知だけが突出し、痴的生産の技術が担い、万引きに良心の呵責を覚える人格形成は消えていく。痴識人の犯罪も増えている。これを裁く者も、発見されれば法律で裁くが、その裁きは、逆に発見されさえしなければ、裁かれないよ、要領よくやれ、巧妙にやれば警察や裁判所のお世話になることはない、と説いているようなものだ。これは、ものごとを悪い方から捉えるブラック・ユーモアないしブラック・アイロニーだと笑って済ませることであろうか。

しかし現在、〈心がただれているぞ〉と、叫びたいような深刻な事件は枚挙にいとまなしであろう。大阪教育大附属小の生徒たちを殺害した宅間守。彼は一審判決の際、傍聴席の家族をののしっている。死刑判決後も、罪を認めて謝罪する気持ちをみせなかった。

幼女4名の誘拐殺人犯、宮崎勤の犯行供述。「覚めない夢を見て、その夢の中で（犯行を）やった気がする」。〈覚めない夢〉と〈やった気がする〉の、異状な文脈のつながりに、単なる感覚麻痺では了解できない不気味な病状、すなわちカリエス症候群の症状が読み取れるのである。

集団的犯罪でも、基本はカリエス症候群の症状が同じように表われている。耐震強度偽装、粉飾決算、談合など。そこには、肥大化していく資本の論理とモラルのカリエス症状（個人の気根のカリエス状態）が、阻止のできない資本の魔力によって、相互浸透している様相がはっきりと読み取れるのである。

## 法は道徳か

これらの事件は、法に違反しないことがモラルである、という大前提と、この大前提に違反したかどうかが争点となる、という様相がはっきりしてきている。そして違反が出れば違反者を処罰し、違反が出ないための一層の法の整備が必要なだけである。道徳性にかわって、コンプライアンス（法令遵守）とコーポレート・ガバナンス（企業統治）が道徳なのである。

端的にいえば、もはやカントの道徳も、功利主義の道徳も、どうでもいい。法は道徳なのだ。

法に違反さえしなければ、自由がある。「良心に恥ることをするな」って、両親のことかいな。飛躍的で突飛なことをいうではないか、と疑問を呈する人びともいるであろうが、私はこのような時代の様相に、繰り返していうが、気根のカリエス症状を読むのである。

### 理性は知に変質した

カントは『永遠平和のために』(1795)で、理性(悟性)による国際連盟の理念を説いた。しかしいまや、理性の機能は、かつての全人格を統合する役目としての地位を失い、〈知の計算機〉といわれるほどにか細くなった。知能は、国際間の連合に精進するよりか、マネー資本の国際統合をする方が、柄に合っているのである。

さらに資本の論理の自律化は、一方で地球的規模に拡大していくが、他方では国内の草の根にまで急速に波及していく。企業群を統合している大ホールディングスが、地方の中堅企業のM&A(企業の合併・買収)を積極的に行う争奪戦に参加しているのである。

### 人間ロボットとロボット人間

資本の論理は、自己増殖を続け、資本の蓄積と増大を加速していくと、やがて新たな全体主義へ統合されていく、という警告もある。人間はこの下で、人間ロボットとして使役される。

### 〈罪と罰〉は法の枠内で

道徳の下地(基礎)がなく、ただ法令を守れば済むとなれば、人びとは、法律違反をしても、罪悪感など、なんら気になるまい。〈罪と罰〉は、法の枠内で処置される。そうなれば、カントの心情寄りの道徳と、ミルの結果よりの道徳とを調停しようとしたマックス・ウェーバー(1864—1920)の責任倫理の問題提起など、とりつく場もないであろう。

もしカントとミルが同席して、このような話を聞きながら現代の社会現象を批評するように求められたら、二人ともしばし唖然《あぜん》とした顔を、お互いに見合わすしかないでろう。

# V

# 人生航路はコンマだ

## 1 表情のない顔社会

現在、発生している事件の例をいろいろと挙げたが、これらの事件に関与している人びとの顔には、一様に共通して、表情がない。ここでは、そんなことを考えてみる。

先ほど述べたことを、少し繰り返しながら先に進もう。現代社会は、古典的なコンフリクト(衝突)、すなわち人格のうちで、法と道徳のあつれき(仲たがい)、その対立と緊張に面しての良心の呵責に苦しむ人間性、といったことを話題にすることがほとんどなくなってきた。たとえば、客と応対する際のマニュアル、これは規則小冊子だ。しかし街で転んだ老人を助け起こす、そういった気持ち(人間としての欲得のない心情)は、マニュアルに書いてない。助け起こさなくともよいし、周囲の手前、助け起こしてしまうこともある。しかしこの行為は、かつては修身の問題であった。いまでは、真心(良心)とか、本心などといっても、その心情は行動や行動の結果に出なければ、信用されないし、無視されることになる。

端的にいえば、**法にしたがうことが道徳(適法性)であり、法に違反することが不道徳なことである。このような社会的雰囲気に浴していると、人びとの顔から表情が消えていく、**いや作り表情(作り笑い)になっていく、整形手術でも出せる人工の表情だ。

表情という言葉の意味は、感情の変化によって変わるかおつきのことである。だから人びと

## 表情のある顔の例

は、ときにうちから突き上げてくる苦渋や苦悩の表情、ときに込み上げてくる、吹き出してくる笑いの表情を顔に表した。眼は口ほどにものをいう、というが、顔の表情にも慈悲、温和、親愛、あるいは怒り、冷酷、苦悩などが表れていた。

その表情が現代、人びとの顔から消えていく。人びとは笑っても、表面的な薄笑い。ニヒル（虚無的）な表情。無表情な顔そして顔。たとえ笑っても、顔面の筋肉がゆがむだけのような顔もみる。無心に、むじゃ気に笑っている楽しい顔は、子供たちだ。しかしその子供たちの顔も、大気汚染に汚れた社会の雰囲気を浴《あ》びていないうちかもしれない。暗い無表情な顔が気になる社会だ。

民族学者、柳田国雄に、〈面白い〉という言葉について、こんな説がある。むかし民家で、夜、家族がいろりを囲んで、四方山話《よもやまばなし》をしている。一家団欒《だんらん》の楽しい情景である。周辺は暗いが、家族の顔は、いろりの火で白くみえる。顔とは面（おもて、つら）である。一家が楽しそうにしているそのおもてが、いろりの火で白く映《は》えてみえる。それが面白いのである。この面白さは、人間自然の睦《むつ》ましさを表現している。この情景に、「母《かあ》さん、お肩を叩きましょう」という童謡をそえたら、その雰囲気に、ひときわ家族の愛情が満ちることであろう。

こんな昔話は懐古趣味で、いまさら話しても始まらない、という人もいるだろう。しかしそれでも、そのような面白さが失われていく現代社会の雰囲気を感じれば、過去のことだ、で済まされまい。家庭や家族から離れて、盛り場にたむろするのが面白いという青少年のことを考えれば、そんな若者は昔もいたよ、では済まされまい。その数、その過激さ、その異状さを心配するのは、単なる杞憂《きゆう》（とりこし苦労）ではないだろう。

先にも引用したが、「一葉落ちて天下の秋を知る」という、一種の警句がある。桐の葉が一葉おちるのを見て、秋になったことを感じる、という意味ではある。これが転じて、「ちょっとした気配から、先のことが予知できる」という意味になった。〈表情のない顔〉という表現は、単なる一ひらの葉が時代を予知しているように、現代の様相を反映し、あるいは予感する、と思えるのであるが、いかがなものであろうか。

## マスローの欲求階層モデル

さて、発達心理学の古典的モデルとして、マスローの欲求の階層モデルがある。その主旨は、人の年齢的成長に合わせて、人の欲求がどのように発達し上昇していくかを、目盛ろうとするものである。

人は生誕後、いろいろな欲求が芽ばえるが、年齢（年代）に対応して、相対的に欲求の優先順位がつけられるという。ちょっと手を加えて、簡単にみると。乳児・幼児期（生理的身体的欲求）➡児童期（心身の安定的欲求）➡青年期（所属と愛情欲求）➡壮年期（承認の欲求――尊敬・認知・審美的欲求）➡老年期（自己実現の欲求――生きがいのある主体的生き方）

発達心理学によるこの成長過程は、実在する人間群の統計的平均なのか、人びとの願望の統計表なのか。なんにせよ、一種の理想型とも思える。しかし私は、必ずしも、この成長過程説に反対ではない。〈気根〉さえしっかり根づき、発達していけば、このような成長過程は、なにも聖人君子のものではあるまい。

## ドラえもんに飼育されたのび太たち

しかし、現代、ドラえもんに飼育されたのび太が、この話を耳にしたらびっくりすることだろう。〈集中力なく、飽っぽく、意志薄弱で自立心がない〉とレッテルを貼られたのび太も、ようやく自分と対抗する古典的な人物、あるいは新たに質実剛健な人物像が現れたかと。ドラえもんを必要としない、自主独立な人びとを象徴するマンガの主人公がいずれ現れて、もはや自分は、退場する時期がくるかと。

ところが現実に、マンガやアニメののび太の延長線上にいるのは、フリータやニートだ。だが彼らの〈気根〉には、まだカリエス症状の徴候はそう感じられない。気根を冒すばい菌はウヨウヨ飛んでいる雰囲気だが、流行性感冒ならまだ、予防手段はある。

## 単なる老化現象ではない

しかし、私は現代を、カリエス症候群の進行している時代だと診断している。マスローの発達心理学も、マンガで描かれるのび太も超えた異常な精神的雰囲気が広がっているように考えている。そこで、マスローの描くモデル図と、私の、カリエス症の雰囲気に染った、あるいは冒されたとみる精神病理学的様相を示すモデル図を、対比して図解してみよう［⇩図15］。

【図15】　カリエス症候群

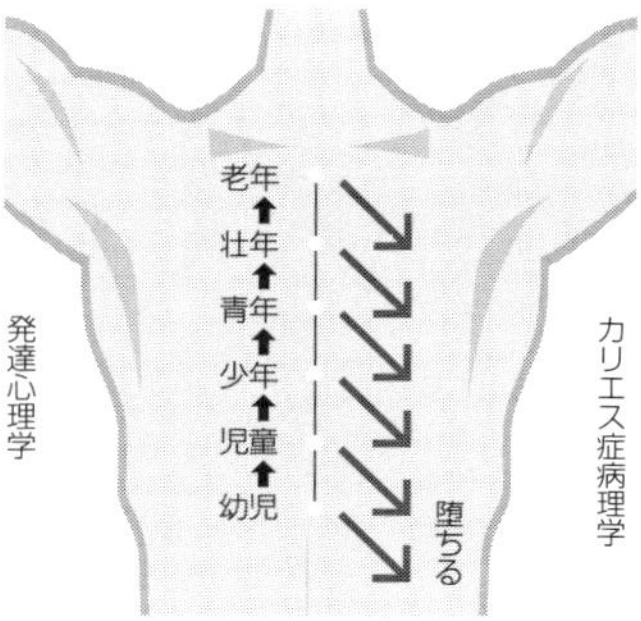

カリエス症候群の兆候や実態の例を挙げれば、枚挙にいとまなし。

小・中・高の生徒の不登校、ひきこもり。いや教員も精神疾患で休職者が増えている。

小学生の少女が、同じクラスの少女を殺害。

中一の少年が4歳の男の子を、7階から突き落とす。

高校生が親に暴力・殺害。

青年層の犯罪は数知れず。

壮年になっても、痴や症の犯罪多数。盗みや暴力、会計や建築上の偽装。

老年の万引き。

その他、年代にかかわりなく発生する犯罪。

知能が高くなればなるほど、痴能犯が増える。

こんな事例をいくら記しても、切りがない。だが、こんな社会問題は、いつの世にもあったことだとか、数が多くなっただけとかで片付けられない、精神病理現象を呈した社会環境に気づいてほしい。ある程度、数量の事例が増えれば、質的な変化に移行していることに気づかねばなるまい。しかし統計の数値は少なくても、逆に事態は深刻になっている場合もある。

知情意三つを円《まどか》にそなえた人格といった徳目など絵空事。夏目漱石が『草枕』の冒頭に書いている文章。「山路を登りながら、かう考えた。智に働けば角が立つ。情に棹させば流される。意地を通せば窮屈だ。兎角《とかく》に人の世は住みにくい」。こんなことに悩むなど、立身出世の妨げ。

こんな人格形成にあくせくしていたら、いまの世の中、まともに生きていけない。資本の蓄積と増大の論理の邪魔。家庭でも、預貯金が殖えない。マネーゲームには無縁の人生観だ。

**犯罪は脳の老化ではない**

このような考えに反してなのか、同調したためなのか、犯罪は老若男女、年齢にも職業・学歴・地位にも関係なく、多発している。現代は、知情意は円どころか、逆に剥離し、痴の外に、⿸疒青や癔という造語さえつくりたい、人格の分裂症候群が横行している、といいたくなるほどである。このような剥離性症候群の生じる最大の原因は、老人に多くなる脳の老化ではなく、〈気根〉のカリエス症状にあるからではないか、というのが私の診断するところである［⇩図16］。

**気根を育てよ**

しかし人は、生・老・病・死の人生を、人さまざまに辿るとしても、環境がよく、それとともに気分がよければ、結構それが人生だと満足して往生するものだ。花は種まきから始まって、ひと花咲《さか》し、そしてしぼみやがて枯れていく。気分の根は気根である。**日光を浴びて、土壌（作物の育つ土）がよく、養分がたっぷりそそがれれば、気根はすくすくと、延び伸びと育つのだ。**だから成長過程からみると、幼児や児童の時期に、気根を十分に育てることが最も重要であろう。

人の一生は、過去、現代、未来が因果応報によって、輪廻《りんね》転生するようにつながっている、と解すれば、それ

【図16】　まどかであるべき知情意の剥離

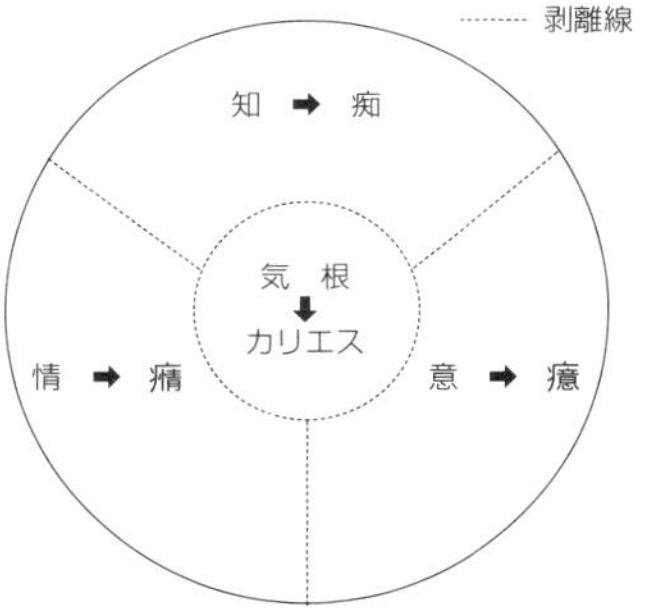

## ブランケンブルクの業績

はもはや宗教の解釈である。それでは、現在の生をとくに高揚する考え方は、意味が薄れていくであろう。またフロイトも採用した説、人は胎児のとき、胎内で生誕するまでに、苦しい戦いを経て傷ついている。したがって生誕後の一生は、この傷を癒す努力に費やされるという見解は、十分に留意するに価する。この説は、生誕する前の気根（生の根っこ）に、一種のトラウマ（心の傷）を仮定するものであろう。植物も種が傷んでいたら、発芽や発育は難しい。しかし、このような不吉な予言に屈せず、だからこそ、生誕後の幼児や児童の時期から、気根によき文化や教育による十分な手入れ（刷り込み）をすることが必要であろう。この気根こそ、逆に傷んだ発育不全な種を改良していく努力にも通じていくと、私は考えるのである。

なお、現象学的精神分析からの注目すべき業績として、ブランケンブルクの『自明性の喪失』（1971）がある。ブランケンブルクはこの書物で、二つの問題領域を扱っている。一つは、フッサール現象学にそって、生活世界における人びとの、根のおろし方である。もう一つは、精神分裂の症状で露呈されるような、基底的な分裂症の本性である。

この業績は、緻密な分析によって構成された、非常にすぐれた研究である。しかし、私からみると、私のいう気分や気根の問題には、直接にはあまり参考にならないと考えている。その理由は、研究の被験者となったアンネ・ラウという女性は、すでに分裂症とみなされていることである。次に、この女性の病根を探求するが、明らかになったことは、まさに「自明性の喪失」ということであったからである。

ラウ自身もいう。「誰もが明らかで、当り前で分かり切ったこと、そしてみんな生まれつき身につけていて、生きていくために必要な、それがあってこそはじめて、人間的にやっていくことのできるもの、それが私には分からないのです」。

この基底的な構造の変化を、ブランケンブルクは、自明性の喪失、と診断している。しかし彼は、この女性を研究対象としただけで、彼女はなんのことはない、数年後、分裂病の悪化のために死ぬのである。彼女の病気の所在を、自明性の喪失、と診断したが、このような現象学的考察は、彼女を何ら救うことにならなかったのである。

**気根のカリエス症状は回復可能だ**

私のいう、気根のカリエス症状は、まだ回復しうる可能性がある症状であることを前提として、その治療を考察しているのである。

私がこれから、気分について述べることは、ブランケンブルクの現象学的分析のように、厳密なものではない。しかも、すでに分裂病になってしまった患者の分析でもない。気分についての、いわば気分的なデッサンにすぎない。気分は気分であって、気分をよくするには、気分で、といったものである。しかし気分は、何かのきっかけで、気分の〈正の相乗作用〉の効果が働く。実際に病気と診断されれば、医療の処置が必要だ。だが気分によって気分をよくしたり、悪くしたりすることがあることは、見逃せない事実であろう。私はそのことを、この本の最初に、きっかけの例として、そばかす、目つき、ある女優の事例、で述べておいた。**精神病でなく、精神病理的な境界領域内では、気分の、気根の治療がかなり大きな効果を挙げうると**

**考えている。表情のない顔社会は、精神病理現象のあらわれではあるが、治療しうる限界内にある現象なのである。**

## 2 カリエス（気腫瘍）と陰性気分
### ——ウィルヘルム・ライヒの用語を利用して——

ドイツ語の基底気分（Grundstimmung）は、人の体験や行為などすべての精神生活を規定する基盤を意味している。クレッチマーは、気底気分と感情反応性を区別している。ホーナイは、基底不安に、人を不安神経症に駆り立てる力動的な因子を考えている。

こういったように、精神分析ないし精神病理学では、気分（mood temper）についてのかなり細かい研究がなされている。しかし、原因となる刺激や条件ははっきりせず、だいたい気分は弱いことが多いと考えられているようである。

私はすでに、気分の意味は三九頁に、いきの意味は八八頁に、おおよそ列挙しておいた。〈感じ〉の意味は、この両方に含まれていると思われる。気と感を敢えて区別してみると、感は受身的な用法が多く、気は積極的な用法が多いと思う。感覚は、ナニナニと感じる、と受働的で、感じがよくないと、その事柄に消極的で、ときに悪感情を示す内向的態度や振る舞いを

## 陽性気分と陰性気分

とる。深く根にもって、陰性感情を懐き、身構えたり、こらえ切れずに感情が爆発することもあるが、その端初はほぼ受身的だと思う。感性は感受性、つまり受身のことだ。季節を感じ、雰囲気を感じ、人に好い印象、悪い印象を感じ取る。

それで私は、カリエスの意味を、骨腫瘍から転じて気腫瘍に、そして陽性感情と陰性感情を転じて、陽性気分と陰性気分にかえて用いることにしたのである。日本語の用法には、「気」の付く言葉はものすごく多い。ちょっと辞書で調べても、二〇〇ほどの用例がある。

さて、陰性気分といえば、ウィルヘルム・ライヒ（1897―1957）の陰性感情に触れておかなければなるまい。ライヒの陽や陰の感情は、オルガスムの機能という、個体の性エネルギーから始まり、オーゴン（orgon）エネルギーという宇宙の根源的エネルギーを貫通した、遠大で野心的な業績である。そして彼は、この宇宙のオーゴン・エネルギーを、特製のオーゴン箱に吸収し、患者がこの箱の中でオーゴン・エネルギーに浴すると、患者の精神疾患や腐敗した癌細胞を治癒できるという。ライヒのこの説を、精神病理学会では、虚構的・妄想的で非科学的だとして認めないであろう。確かに、ライヒの思想は、性エネルギーの形而上学化であって、私もライヒの説をそこまで認めるものではない。

しかし、彼の説く陽性感情や陰性感情、これから問題とする〈性格の鎧〉、さらに〈横隔膜〉説などは、私がこれまで論じてきた問題と、かなり関連性をもたせることができると考えている。たとえば、クモとクモの網にたとえた、気根の言語ゲーム説、気根に生じるカリエス症状。

このカリエス症状は、心臓から動脈や静脈を通して、脳から手足の末端まで循環している血脈に生じる動脈硬化や脳梗塞や脳出血などと通じているのではないか、と私は考えている。つまり、**カリエス症候群と動脈硬化・脳梗塞・脳出血は通底している**ということである。気分や気根の病理は、科学的な分析と根拠を求める学問からみて、鼻クソ理論だとして片付けられてしまえない身体観を示していると考える。ライヒは、理性を、〈自然のうちに根をおろしている理性〉と名づけている。私流にいえば、〈気根に根をおろしている理性〉といいかえておきたい。この観点から、私はすでに、「理性の機能」や「理性は言語ゲームの枠組み作りだ」を取り上げておいたのである。言語ゲームの軸は、気の根っこ〈気根〉なのである。

では、ライヒの説を利用して、陽性気分と陰性気分の関連を、もう少し考えてみよう。

私の身体観は、この本のあちこちですでに述べておいたことだが、〈五体・五感・五蘊である身体〉観である。そしてこの身体性を、根底で統合しているのが〈気根〉である。この気根の統合能力を、私は言語ゲーム、クモの網、神経細胞とシナプスなどにたとえて、説明しておいた。

ライヒの説を、私は一種の快楽説であるとみている。両極端をとっていえば、全身が解放されていれば、快感すなわち、気分がいい。全身が解放されていなければ、気分が悪い。さて気分は、全身の中心（気根）に負荷が加われば、緊張するが、やがて荷解きされ、そして緩和していく、といったプロセスを辿る。**気分は、緊張――負荷――荷解き――緩和という四**

【図17】　五体・五感・五蘊である身体の生き方（イメージ）

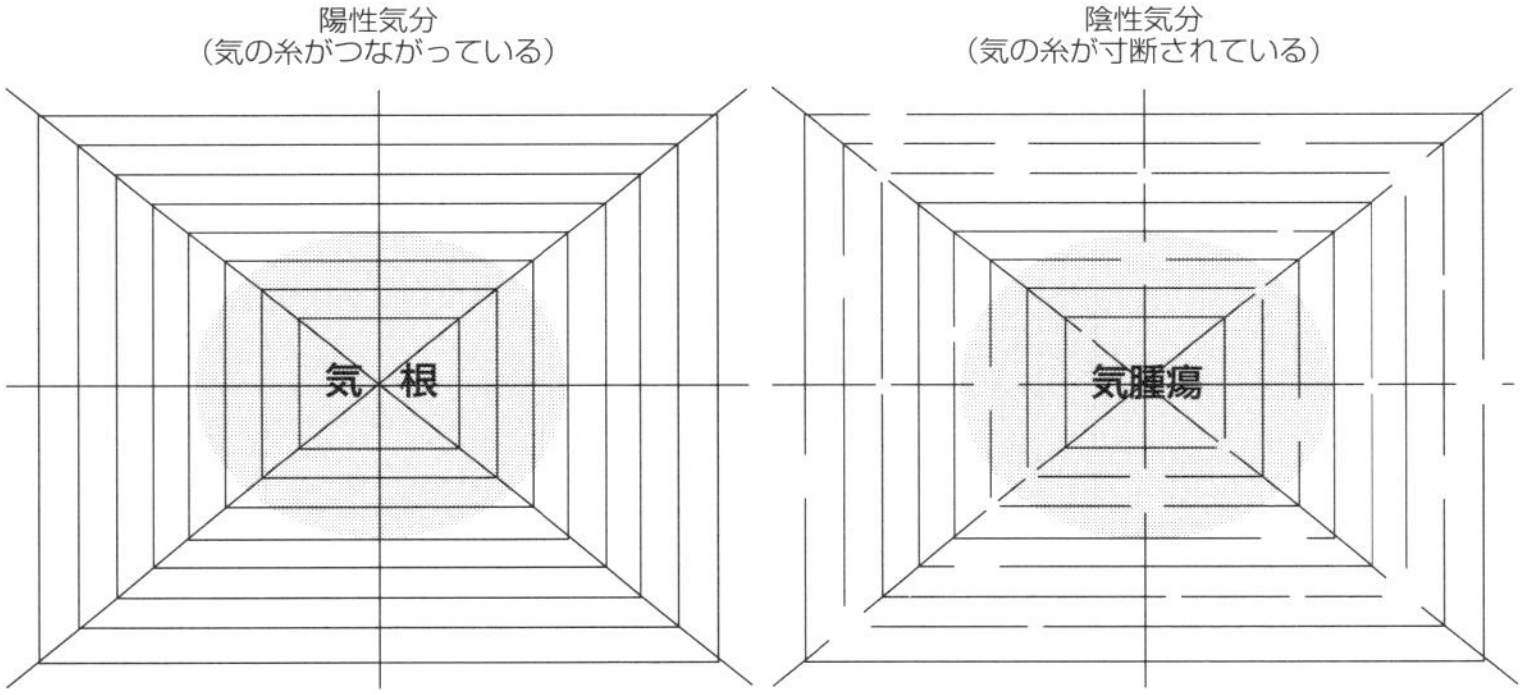


**つのタクト（拍子）を辿る**のである。

解放感は、緊張や負荷が中心（気根）から周辺へ放出されるプロセスをとることで、気分はリラックス（ホッと）して、よい方向へ向かう。陽性気分になる。逆に抑圧感は、緊張や負荷が周辺から中心（気根）へ向うプロセスをとるから、気分に不快や不安がつのり、気分は悪く、陰性気分になる。

陽性気分の場合は、気根から周辺に延びている気脈の糸の網が、感性豊かにつながっている。陰性気分の場合は、気根に周辺から寄せてくる（逆流してくる）緊張や負荷は、網の糸をいたるところで痛める。痛みがひどくなれば、血柱《せん》や出血もある。気根や血脈に腫瘍ができて、カリエス（気腫瘍）になるかも。このイメージを、図にしてみよう［⇩図17］。

陽性気分では、一つひとつの気の糸（気脈）は、気根を軸にして、相互に密に通じ合っている。陰性気分では、一つひとつの気の糸（気脈）は、うまく接続していない。糸と糸とは、あちこちで切れていて、通じ合わない。これを、私はまた、ウィトゲンシュタインが親和的な家族的類似性をもつとした言語ゲームにたとえておいたのである。陽性気分では、親和的な言語ゲームは成り立ち、陰性気分では、親和的な言語ゲームは成り立たない。

この気分の二通りを対比して、どちらを選択すればよいかは、問うまでもなかろう。陽性気分のときは、まさに気分がいい。解放的で、仕事や人間関係もうまくいく。陰性気分のときは、まさに気分が悪い。陰気になる。身や心に陰性気分が染みついているようで、何をしても面白くない。相手に身構える。自己嫌悪や自傷行為の段階で終ればまだましだが、〈いっちょう、火でもつけてやろうか〉とか、〈いじ悪でもしてやろうか〉〈いいつけ口でもしてやろうか〉など、悪気《わるき》に走りかねない。気分が悪いから、表情も陰性になる。

この節の最初に、基底気分という用語を挙げたが、精神分析や精神病理学の分野でも、〈気分〉についての明確な学説や結論など出ていない。いや、出てこないことこそ、人間にとって重要なのである。科学は、客観的な証明や論証を求めるのは、当然である。だが、気分は、科学的に明らかにできないし、明らかにしてはいけない。そこに、人間性がある。脳科学や遺伝子などの研究によって、解明できない〈気根〉に根を下ろしているからである。この気根に、さらに〈偶然性〉の問題を関連づけたらどうなるのか。人間とは、ますます摩訶《まか》不思議な存在であることがみえてくることであろう。

## 両価性と気根
### 〈愛憎〉

いや、しかし、この問題を、単に摩訶不思議で済ませておくわけにもいくまい。そこで私は、この節の最後に、二つの問題を提起して、私なりの診断を下しておくことにする。

① 先に挙げたブランケンブルクの症例（p. 130）は、すでに分裂症と診断されている女性の病根が、〈自明性の喪失〉によるものであることを明らかにした。だがこの女性は、自明性を喪失した生活を生き続けて、最期は死に至る。彼女にとって、精神分裂症は死に至る病であった。

これに対して、ブロイラーに始まり、フロイトが重視して展開した、アンビヴァレンス（ambivalence）という用語があって、〈（愛憎）両価性〉と訳されている。

人は同一の対象に対して、愛と憎しみ、友好的態度と敵対的態度、のように相反（排反）する心的傾向や感情を、同時に懐く精神状態を体験する。この両価性は、本来、正常で健康な人の常態であって、この両価性の葛藤や渦中のなかで、この両価性の心理に耐えて、逆に両価性をそのつど、力動的に統合しようと苦悩するところに、人格高揚の試練がある。両価性こそ、力動的な人格形成に不可欠な要素になるのである。

だから、この相反する心的傾向を絶えず統覚していこうとする努力や根気が弱くなる、または衰弱していくと、愛と憎しみ、友好的と敵対的の緊張したバランスが崩れて、人びとの関係は、溺愛か憎悪か、友好か敵対かの一方に、異常に突進する。健康で正常な人間関係は崩れ、やがて喪失する。この過程で、人びとは数々の精神的疾患に罹り、その疾患は、消極的には萎縮し、自虐的行為に退行する。積極的には突進し、犯罪的行為に走ることにもなる。

私流の、この両価性の解釈に対応させて、さらに私の所見を述べれば、次のようになる。

この両価性の力動的統合不調の原因は、現代社会の社会的雰囲気やこの雰囲気に浸潤した人びとの気根が、気腫瘍に冒されている、というものなのである。だから人びとに、アンビヴァレンスに耐えて、力動的に人格を絶えず統合していこうとする気根が衰弱し、腐敗し始めているよ、と診断を下したいのである。最終的には、愛憎両価性の力動的統合を維持し続ける気根も失せていく。それはなんと、ドラえもんに飼育されたのび太の行く末ではなかろうか。

## 横隔膜は膏肓と内蔵のあいだ

②〈気根〉の所在について。中国の春秋時代に出た『春秋左氏伝《しゅんじゅうさしでん》』という書物の中に、〈病膏肓《やまいこうこう》に入る〉という言葉がある。「不治の病にかかり、治る見込みがない」という意味である。内蔵の奥深くにあるこの部位に病が入ると、どんな名医も処方の仕方がなく、鍼《はり》も届かず、病気は治らないという。
ところでこの部位は、心臓の下、そして横隔膜の上、とされている（みぞおち付近か）。すると、横隔膜の下側に内蔵群があるから、結局、横隔膜は、「膏肓」と内蔵のあいだに在ることになる。したがって横隔膜を震わせれば、その震動は、膏肓と内蔵の両方に大きく波及することになろう。

そうすると、横隔膜を陽性気分で震わせる生活——それは〈五体・五感・五蘊である身体〉の元である気根を養うこと、鍛えることから始まるのである。

私たちは、気根の所在・部位を、身体的にだいたいここだな、と指し示すことはできる。それは各自が当体的に感じ、気づいているところ、気力が充実したり、め入ったり、気を入れたりそらしたりするところ、そこに気根は在る。この気根を養い鍛えれば、膏肓に入る病も、いわば、お医者様でも草津の湯でも治せぬ恋の病も、治せるかも。

## 3　偶然性と気根
### ——J・モノーと九鬼周造の場合——

偶然性と気根とを対比させる最大の理由は、次のことである。**人間は一人ひとり、実存的存在（身体）であり、しっかりとした気根をもっている。そして、偶然性に開かれた世界にあって、できるだけ自由に各自の一生を生きることこそ、幸福というものだ。**そこで、「偶然性の中で自由に生き抜く気根」、このテーマで考えるために、まず、矛盾概念の関係として考えられている、偶然性と必然性の関係を、少し考察しておきたい。

### I　ジャック・モノーの『偶然と必然』（1970）［訳、みすず書房（1972）］

J・モノーは、現代科学の基本的な仮説として、「不変性は必然的に、合目性に先行する」

を立てる。そして、次のように説明していく。――生物としての基本的な不変性は、DNAで、この中のヌクレオチドの支配という形で書かれたテキストが、それぞれの細胞の増殖のさいに、不変のまま複製されることによって、種の不変性が保障されている。そしてこの遺伝子の本体であるDNAが、不変性を保ちながら複製される機構を、分子構造の立場から解明したのが、ワトソンとクリニックである。この解明は、生物学において、これまでになされた最も基本的な発見であると評価される。細胞は、まさしく機械である。

J・モノーは、ところが、と続ける。物理学の教えるところでは、どんな微視的な存在も、量子的な乱れをこうむらずには済まされない。この乱れが、距視的な系の中で蓄積されると、徐々に間違いなく構造の変化をきたすことになる。生物は、正確な翻訳を保証されている完璧な保存機構をもっているにもかかわらず、やはりこの構造の変化を免れることはできない。

そのため、次のことが帰結する。多細胞生物の老化と死は、少なくとも部分的には、翻訳の偶然的な間違いの蓄積ということで説明できる。そしてこの間違いは、間違いを起こさせる頻度をさらに高めることによって、生物の構造を仮借なく、少しずつ崩壊させてゆく結果になる。この複製機構の攪乱と偶然は、DNAのヌクレオチド配列のあるものが、(個々のあるものが)個々に変化するためである。

このようにして、J・モノーは、不変性と必然性を基としながら、次の結論を引き出している。

## J・モノーの仮説

1 突然変異は偶発的なものであり、かつ無方向なものである。

2 この変化は、遺伝子のテキストの変化を起こさせる唯一の原因であるから、生物圏におけるすべての新奇なもの、すべての創造の源は、ただ単なる偶然ということになる。

3 したがって、進化という奇跡的な構造物の根底には、絶対的に自由であるが、本質は盲目的である偶然があるだけである。

J・モノーは、上の結論を、「観察され実験された諸事実と両立しうる唯一の、しかも考えられうる唯一の仮説なのである」と述べている。

この仮説から、J・モノーは、人間中心主義の諸思想を否定する。ということは、合目的性の原理を否定することである。たとえば「形而上学的な生気説（進化は生命の躍動である――ベルグソン）、物活説（ライプニッツの単子論、ヘーゲルの精神の弁証法、旧約――岩、川、山、嵐、雨、天体などが目的とする、魂の存在の物語）、科学的進歩主義（ティヤール・ド・シャルダンのキリスト教的宇宙生成説、スペンサーの生物学的社会進化論、マルクスやエンゲルスの弁証法的唯物論の核心）」。

こうしてJ・モノーは、合目的性を否定することによって、人間の老化と死は、DNA保存機構の翻訳の間違いだ、というのである。

ところで、J・モノーが、突然変異と偶然性とを同じセットで考え、合目的性や人間中心主義を否定する場合、彼は自分の思想をニヒリズムに通じると考えているのであろうか。たとえば、ショーペンハウァー（1788―1860）が説く、宇宙の盲目的衝動的意志論。この思想を、彼は厭世的悲観的な宿命論とせず、逆にだからこそ人間は、自由意志などと、あがいて苦痛をうるよりも、この宇宙の盲目的意志へ身を没入して、宇宙の真理を永遠に観想するのにまさるものはない、と説くのである。

## 偶然こそ出来事の本質

しかし、J・モノーは、合目的性を否定し、人間を突然変異と偶然性の産物とするが、次のような例では、人間生活のうちで起こる「完全に偶然的な一致」を取り上げている。

ある医師が、新しい患者から、至急往診の依頼を受ける。他方、ある職人が、医師の隣家の屋根を応急修理する仕事をしている。医師がその家の真下を通りかかったとき、うっかりして金づちを落してしまう。金づちの（決定論にしたがった）落下軌道が、たまたま医師の歩く軌道と交叉していたために、彼は頭蓋骨を砕かれて死んでしまう。人びとは、彼は運が悪かったという。J・モノーは、この二組の出来事は、完全に無関係に起こっているのであるから、この偶然は明らかに本質的なものとみている。

さて、この事例での私の関心は、DNAの保存機構（必然）と突然変異（偶然）の関係ではない。私の注目するのは、物理学的決定論にしたがった金づちの落下軌道を除いては、医師の行動と職人との間に起こった、まったく純粋な、といわれる偶然の出来事である。偶然と必然の問題でなく、偶然と偶然の問題である。

J・モノーの事例に、ちょっといくつかの仮説を加えてみよう。職人は、前夜だいぶ呑んだ酒の酔がまだかなり残っていた、とか、朝仕事に出掛けるとき、妻といい争いをしていた、とか、それが金づちを思わず落すきっかけ（原因）となった。また医師は、玄関先で診察に必要な医療器具を忘れて、とか、ちょうど電話が掛ってきて、とかで、中へ引き返した。この時間の遅れと、金づちを落した職人の心理。この偶然の符号が、医師の死につながった。

こうなると、人間は生物学上の、あるいは物理学上の必然のレベルよりも、まったく偶然のレベルの出来事の中で生活していることになる。偶然性は人間を自由にする。しかしそれとともに、この自由は事故の元になることもある。J・モノーは、必然性の考察から偶然性を考察したが、彼は偶然性を、単にはかないものと考えていたわけではなかろう。医師と職人の話のように、人間的な、あまりにも人間的な社会生活上の問題を、軽視していたわけではなかろう。

むしろJ・モノーは、生物学上の決定論や突然変異に対して、最新の仮説を提起することによって、逆に人間は、そのような仮説を受け入れながらも、いかにして各自、自分の生き方を考えていくかという問題を提起していると思える。そう受けとめた方がよい、と私は考える。その方向

【図17】　DNA支配下の偶然

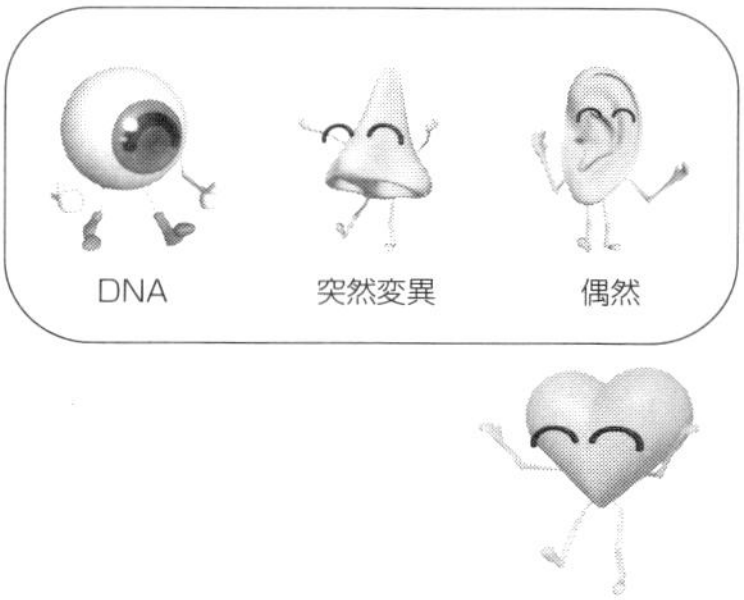

にそって、私は私なりに、生き方の仮説として、生の根っこ〈気根〉という概念を提起したわけである。J・モノーは、科学者として、必然から偶然を考察したが、だが人間としては、偶然に居直って、生活社会から、科学・技術を利用して、できるだけ〈負の偶然〉を減らしていくことには、もちろん賛成であろう［⇩図17］。

## Ⅱ　九鬼周造の「偶然性の問題」(1935)

九鬼周造のこの本を読みながら、ふと連想した伝説がある。彼は祇園のお茶屋でよく遊び、朝方そこから大学へ出講したといういい伝えである。九鬼周造の人格において、学問研究と遊びが、単に理論と実践といった抽象的な結びつきではなく、幽玄《ゆうげん》に融和統一していたのであろう。彼の思想には、理路整然としているのに、理論だけでは説き明かせない深い融和感に包まれた雰囲気を覚えるのである。

九鬼周造はこの書物の第一節に、「偶然性と形而上学」という題名をつけている。J・モノーが科学から出発して、偶然性を捉えたのに対し、九鬼周造は偶然性から出発して、科学や論理学を考察している。しかもこの偶然性を扱うのは、唯一形而上学の仕事だとみている。

必然とは、必ず存在が自分のうちに根拠をもっていることである、対する偶然とは、偶々然《たまたましか》あること、すなわち、存在が自分のうちに十分の根拠をもっていないことである。だから偶然性とは、否定をうちに含んだ存在、無いことのできる存在なのである。この存在を人と解すれ

## 和辻哲郎のなか・まと対比して

ば、人は無に直面して、真の存在への救済を願う存在、ということになる。すなわち、無に直面した偶然者を、真の存在へ救済する課題が、形而上学なのである。『「いき」の構造』(Ⅳの1)で述べた私の解釈でいえば、〈いき〉は、偶然存在のうちにあって、いかにして〈気根〉を生かして、自由闊達な人生のきわみで、仏と邂合できるか、これが九鬼周造の、二つの書物に連続した研究課題であった、と私には読めるのである。

ところで九鬼は、偶然の語義を次のように解釈している。たまたまは、たまの反復で、偶然と稀れの意味をもつ。そしてこのたまは、まま、すなわち間間とほとんど同一の意味である。では、その〈ま〉とは何か。〈ま〉は間であり間隔である。空間的ないし時間的間隔である。間隔は、やがて間隔をおいてより存在しないものを意味し、したがって「まれ」なものを意味するようになる。「ま」は稀にしか存在しないものであるから、「ま」はまた偶然を意味する。それで「ま」を基礎とし、まま、たま、たまたま、そして、まれも、みな同一の語群をなしている。

和辻哲郎は、倫は古代中国語で、なか・ま、すなわち仲間のことであり、この意味から転じて世間、世の中という意味になった、と解している。だから倫理学は、なかまの関係を扱うのである。ただし、この解釈から、和辻はなかまの関係を強く規制する風土的影響や国家を重んじる、決定論の方向へ考えを進めていくことになった。しかし九鬼の関心は、まの解釈を、仲間、世間、世の中との結びつきの方向へもっていかず、〈いき〉から〈偶然〉の方へ展開していったのである。

## 偶然性の不可思議さ

したがって九鬼は、この書物の中で、驚くほど理路整然と、論理学や科学上で重要な必然性の事例を扱う。しかし彼は、この必然性の一つひとつに、必ずやこの必然性の網の目から抜けてしまう、偶然性の不可思議さを語っているのである。

九鬼は『「いき」の構造』で、美意識の深い教養をいかんなく発揮した。彼が江戸期の粋な文化の型（言語ゲーム）に関心を示したこと、祇園のお茶屋で芸事に包まれて遊んだこと（言語ゲーム）は、同じ「いき」の構造の表現であると考えられる。

## ウィトゲンシュタインと九鬼

しかし九鬼の「偶然性」についての関心は、もはやいきの文化の言語ゲームを超えて、彼のいき、すなわち彼の実存的ないき方に深まっていると思われる。彼の〈いき〉の思索は、特定の文化の研究を超えていく。彼には安住する文化の言語ゲームはない。ウィトゲンシュタインも、文化の言語ゲームを考えたが、彼自身は、その言語ゲームの底で、誰にも理解されることのない、苦悩と孤独に沈んでいる自分に気づいていた。彼にとって、文化の言語ゲームは、彼の孤独の救いとはならなかった。九鬼の場合は、しかし、ウィトゲンシュタインと違って、単に孤独の底に沈んでいるのではなく、偶然性のうちに実存的孤独をみたゆえに、この偶然性を跳躍台として、実存的孤独を、仏の本願と邂逅させる方途を採ったと思われる。

九鬼がこの方途を進む際に、J・モノーの「偶然と必然」に比較すると、九鬼はやわらかで重層的な思索をとっていると、私は考えている。すなわち、J・モノーは、偶然と必然とを絶

## 偶然性の中に人間実存の本性がある

対的に相容れない矛盾関係として捉えている。そのために、偶然を突然変異と解せねばならなかった。偶然と必然を絶対矛盾と考えると、この矛盾を超える方向は、絶対矛盾の自己同一とでもしなければならなくなるであろう。しかし九鬼の解する論理学は、重層的である。九鬼は、偶然性を浮き彫りにし強調するために、かえって逆に、論理的思考を厳密に系統的に論じている。ここでは、その主旨と結論を述べておくことにする。

九鬼は人間の思考能力（悟性判断）を、偶然、必然、可能、不可能の四つの概念の組み合わせとすることによって、自然界と人間界で起こる出来事を広範に考察した。たとえば、矛盾関係は、偶然対必然、可能対不可能。反対関係は必然と不可能。小反対関係は、可能と偶然。大小関係は必然と可能。不可能と偶然、といった組み合わせである。この組み合わせを、九鬼はさらに、定言判断とか仮言判断、様相判断という区分と複合的に組み合わせるといった、重層的に組み合わせることによって、緻密で用意周到な分析を加えている。その整合的で理路整然とした作業は、驚歎に価するものであった。

九鬼周造がこの区分と分析によって明らかにしたことは、思考（悟性）の必然性に対して、必ず思考の偶然性を配していることであろう。世の中の出来事は、必然性よりか、むしろ偶然性に満ちている。その偶然性は、論理学や科学の方法によって、どんなに合理的に究明しても、偶然性は、論理や科学の網ですくい上げられない、網の目から抜け出てしまうのである。しかもこの偶然性にこそ、人間実存の本性がかくされている。いくら思考の必然性で解明しようとしても、あるいは統計や確率で押えようとしても、絶対に明らかにならない、納得もえられない、そのような偶然性の中で、人びとは毎日、生活しているのである。

そこで九鬼は、このような偶然性を内在化していくと、究極的には、この偶然性を跳躍台として、仏と邂逅できうるという、信仰の問題に至る。偶然性と必然性は、先に述べたように、絶対的矛盾ではない。思考の機能は、多面的重層的である。しかし、その多面的重層的な思考の機能をもってしても、人間実存の本性は捉えられないのである［⇩図18］。

そこで、九鬼は次のように考える。『形而上学的絶対者は、その具体性において、「必然――偶然者」として解明される』。また次の文は、九鬼の思想の所在を示していて重要であろう。

【図18】　論理と偶然

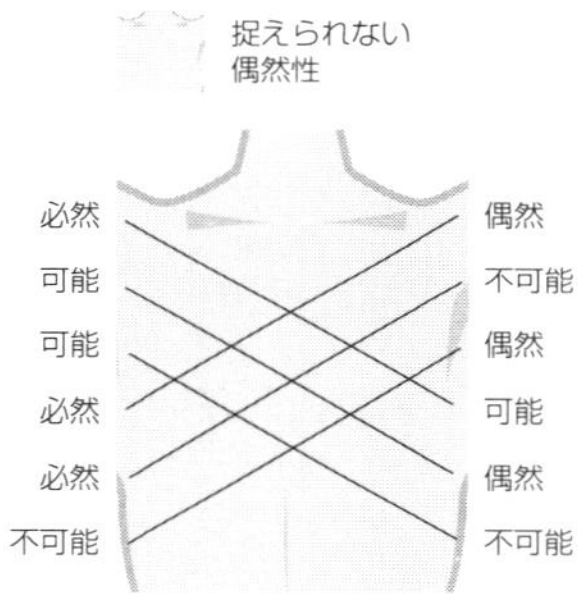


「理論的認識の到達すべき理想は、単なる必然性であってはならない。偶然性を満喫し、偶然性に飽和された『偶然――必然者』でなければならない」。仏の本願は、人間実存がこの世の偶然性を満喫し、飽和される境地にあって達せられる。

九鬼周造による〈偶然性〉と〈いき〉との脈絡は、彼が単なる書斎の人ではなく、この世の偶然性を楽しむ、実存的な〈いき〉の人であったといえるであろう。この実存的いきを、私は生の根っこ、すなわち気根であると

## 九鬼周造の〈本願〉

考えている。『「いき」の構造』で解明した〈いき〉と、次に『偶然性の問題』で解明した偶然性、すなわちいきと偶然性とは、人がこの世で〝人生を生きてよかった〟と納得できる二つの根拠である。そしてこの二つの根拠を、私流にいえば、〈気根〉が統合している限り、人は実存的一元論に生きている。気根を喪失すれば、人は二元論を認めることになろう。

九鬼の思想は、もちろん、この地点で終っていない。彼の偶然性は、形而上学であるからだ。彼は、偶然者である人間実存を内面化していく。そして内面化の極地で、偶然者としての実存は、仏の本願と邂合する、と考えている。人間実存は、融通無碍《ゆうずうむげ》なほどに、偶然性の満ちた世の中で、自分の実存的人生を延び伸びと解放しつつ、この人生を仏の本願と邂合させる信仰、これが九鬼周造の本願ではなかったか、と考えるのである。

九鬼は、こうして偶然性に満ちた現世を、仮の世とは考えていなかったと思う。現世は、思考の必然対偶然、可能対不可能の矛盾関係に分裂しているのではなく、むしろこの矛盾を不可思議な組み合わせでできている住み家である。そしてこの住み家で、人間各自は、人間実存の生を満喫した境地に、仏の本願が開示される、と考えていたのであろう。そう考えることは、また九鬼周造自身の本願でもあったのであろう。

「観㆓仏本願力㆒、過無㆓空遇者㆒」
仏本願の力を観るに、遇《あ》うて空しく過ぐるもの無し。

九鬼はこの主旨を、次のように解説している。

「不可能に近い極微の可能性が、偶然性において現実となり、偶然性として堅く掴まれることによって、新しい可能性を生み、更に可能性が必然性へ発展するところに、運命としての仏の本願もあれば、人間の救いもある。無をうちに蔵して滅亡の運命を有する偶然性に永遠の運命の意味を付与するには、未来によって瞬間を生かしむるよりほかはない」。

私の読み方では、**私たちは実存的気根をもって、偶然性のたち込めるこの世で、精一杯、生一杯、偶然性を運命として受け留めつつ、生きる**のである。ただし、その行く末、仏の本願である救済を願うかどうかは、実存的人間各自の決めることである。なぜならば、信仰は自由意志の問題であるから。

ところで私は、九鬼周造のすぐれた偶然性（偶然性の形而上学）を高く評価しつつも、敢えて最後に、負の偶然論の必要性を述べておきたい。九鬼の偶然論の事例は、陽の偶然がほとんどであるからだ。

一九四五年八月六日、偶然、広島の中心地で被爆した人びとの中に、偶然、八月九日、長崎で再び被爆した人びとがいたのだ。この人びとは、二重被爆にも屈せず、いまもなお、原爆の罪悪を訴え続けているのである。この事例は、偶然を直ちに仏本願の思想へ導く前に、この世で負の偶然の悲（不幸）を排除する気構をもて、と世界の人びとに叫び掛けているのである。

## 4　陽性気分
### ――横隔膜を震るわせろ――

私の身体観は、〈五体・五感・五蘊《うん》である身体観〉である。この身体を気根で統合しつつ、この世で幸福に生きることが、私たちの人生ではないか、と問いかけるのが、私の立場なのである。そこで、この身体観を再確認することから始めよう（八四頁参照）。

さて、私の立場は、『般若心経』を逆手にとって、現世での幸福論を説くことである。どういうことか。『般若心経』によれば、仏教の根幹は、〈空〉の悟りである。そのためには、まず五蘊を否定し尽すことである。すなわち、色《しき》、受（感情）、想（知覚）、行（意志）、識（意識）を、これ空なり、と否定することである。仏教でいう色とは、形ある物質（実体）のことであるから、この世の形あるものは、すべて色ということになる。現世は色の世界である。色の他に、五つの感覚器（目、耳、鼻、舌、皮膚）とその働きである五つの感覚（みる、きく、かぐ、あじわう、ふれる）、さらに表象作用、意志、身体、心など、人間の生の営みであるすべての現象は、ひとまず「色はすなわちこれ空なり。」（色即是空）として否定される。

もちろん仏教では、この世の実体を一切、実体なき現象にすぎないと、否定し尽すことによって、逆に初めて、一切の現象がその実相において、縁起でつながっていることを悟る。こ

## 人生は〈即〉の悟りよりか、〈間〉の生活である

## 人は生きたいのだ

の悟りが、観世音菩薩の、「空はすなわちこれ色なり。」（空即是色）という達観の極地であろう。この世の凡夫（俗人）は、色と空とが縁起でつながって自覚される天国の境地を説く菩薩道に導かれて、仮の、移ろいやすい人生を全うし、いずれはあの世に救済されていく、というものであろう。

さてしかし、私は自分なりに考えたこの色観と空観を、色即是空と空即是色という「即」の縁起でつなぐのではなく、〈即《そく》〉を〈間《あいだ》〉に置きかえるのである。そうすることは、現世で生きる〈五体・五感・五蘊である身体〉の世界を、実体のあるものとして認めることになるのだ。

私たちはこの世で生活しながら、絶対に五体・五感・五蘊から解放されることはない、と諦めているのか。いや逆に、私たちは五体・五感・五蘊を絶対に手離そうとしない。この世、すなわち超越界（天国）と淪落界（地獄）のあいだに住む凡夫にとって、「色はこれすなわちこれ空なり」と悟れということは、生きがいを喪失した絶望の境地であろう。人がこのような境地に至る場合は、五体を損ね、五感に不自由し、五蘊に異状をきたしたときであろう。しかしこのようなときにも、人びとは病院へ行き治療してもらうのだ。**人は生きたいのだ。凡夫は、色の世界を色として取り戻したいのだ。生・老・病・死の人生は解っているが、それにもかかわらず、最後の最期まで、生きたいのである。**

先に、ウィルヘルム・ライヒの説を取り上げたとき、彼の陽性感情と陰性感情を、それぞれ陽性気分と陰性気分にあらためて利用した。感情を気分とすれば、生の根っこ（気根）に通じ

るからである。陽性気分のときは、いろいろな気が、血管（気管）を通して、気根から身体の全体に、それこそ気分よく流れる。陰性気分のときは、悪性の気は気管をうまく流れないから、このような症状が長く続けば、最悪の場合、血栓《けっせん》や溢血《いっけつ》（出血）が起こる、壊死《えし》も生じる。

だが、現在の社会生活では、たとえば九鬼周造が江戸文化に描いた気分の言語ゲームはみられない。全国のどこかで催されている祭りやみこしの気分（雰囲気）は、直接の生活と離れた、その時期だけ、日常に入ってくる気分だ。もちろんそれも、気分転換のきっかけにはなるであろう。九鬼も江戸の〈いき〉の文脈（言語ゲーム）を研究したが、彼自身はそのようないきに浴して、日常を生きていたわけではなかろう。九鬼は、彼だけの実存的気分に生きざるをえなかったのであろう。彼の場合は、実存的孤独を貫くことによって、仏の本願である救済を願う境地を強く望んでいたからだと思われる。

しかし、それは九鬼の生き方であって、俗人の気分は、どうすればよいのであろうか。価値観が失《う》せて、各自の価値感で生きていかざるをえないとき、人びとが拠りどころとするのは、まず自分の実存的気分（気根）を構えて、時代を生き抜いていくしかないのである。

**現代は、人びとが拠りどころとする価値観（言語ゲーム）はない。あるのは法律だ。理性が指導する〈良心〉も、最大多数が構成する〈共通感覚〉もない。そのような時代に、私たちが唯一、拠りどころにできるのは、各自の〈気根〉である。自分の五体・五感・五蘊である身体を統括できうる気根である。**この気根がカリエス（骨腫瘍――気腫瘍）になれば、人格は良心や

## 気根と横隔膜

共通感覚どころか、正常、常識、健康、健全など、一切の正気を失う。ものごとを判断する規準は法であり、法律が規制し裁定し、禁止することを、しかと守ること、これが道徳である。社会の倫理は法である。

しかし私たちは、法がイコール道徳であるような社会を望んでいるはずはなかろう。世の中がそのような傾向を深めているときでも、少なくとも自分は、そして自分が交流している人びととは、法律をもち出さなくとも、仲よく交じわっていきたい。「法律はなくとも道徳は育つ」といった気持で、社会生活ができたらいいな、と願っている。

そこで、身体を統覚している気根から、カリエス症候群といわれる症状を、絶えず洗い流す役目をする働きを、ウィルヘルム・ライヒの説から展開してみよう。ライヒは、悪性感情（陰性気分）の治療方法を語った際に、こんな表現を引用している。「横隔膜を震るわせる」。この語句は、転じて抱腹絶倒する、すなわち腹の皮がよじれるほど笑う、という意味である。横隔膜は、心肺と内臓をさえぎり、胃や腸が心肺の方へ脱出するのを押えている。この横隔膜を通して、食道が胸から腹へ通じている。もし年寄が転んだはずみで横隔膜がゆるむと、胃腸が胸の方へ脱出し、食道裂孔ヘルニアと病名がつく。

しかしライヒがいう、「横隔膜を震るわせる」は、生理的症状だけでなく、〈気分〉にかかわることである。気分が高潮して、笑いこけることだ。そして横隔膜が激しく震えると、その下に押えている内臓群（胃、腸、肝臓、脾臓、腎臓、膵臓など）が連動して、震動する。笑いが多

## 「鎧人間」とは

ければ多いほど、その震動は、そのつど、五体・五感・五蘊である身体全体に、全身に波及する。その結果、生理的気分も、精神的気分もそう快になる。まさに、「笑う門には福きたる」である。

人は、苦しいから、もうその話はやめて、と笑いこけるとき、腹を抱える。手で腹のある部位を押える、その部位は、横隔膜のあたりであろう。人が悩みごとで、かがんで歩いているとき、きっと横隔膜は震るえるどころか、固くなっていることだろう。もし、気根の位置を定めるとしても、一種の〈生気〉の部類であるから、だいたい気が集中するところ、気合いが入るところ、といえるだろう［⇩図19］。

ライヒの用語に、「鎧人間」というのがある。人は対人関係で緊張すると、鎧かぶとに身を固めて身構える。ライヒは、心の鎧とか、筋肉の鎧という用語を使う。人は鎧人間になると、心も筋肉も固くなる。横隔膜も筋肉でできているのだ。その反応で、気分は悪く、緊張するから顔から笑いも消え、硬く無表情になってくる。たとえ笑っても、筋肉がゆがむようなうす笑い、陰性感情をみせる笑いである。気根は弾性や弾力、そして活気を失い、気根から発生してくる多くの気分、たとえば元気、陽気、気力、気乗り、気さく、気心、気軽、やる気、気を配る、気が置ける、などは、陰性気分に塗り隠される。いや、陽性は陰性へ変容し、悪性そのものになる。鎧人間は、病、症、痴の元となるであろう。

以上のような考察は、科学の観点からみれば、根拠がないといわれても、私たちは実感として認めないわけにはいかないであろう。科学と実感は分離する面も多い。実感は科学によって、虚感だとして矯正されることも多い。腹が痛いと感じるとき、その原因は背骨にあった、と診断されることもある。

【図19】　横隔膜を震るわせる

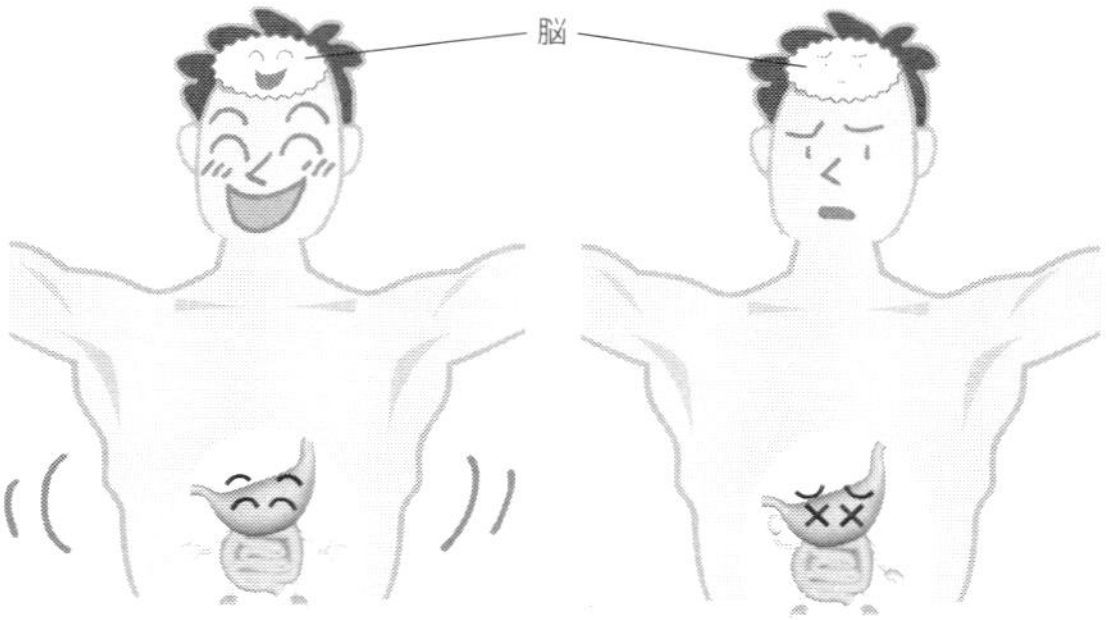


A.　横隔膜が震るえると、内蔵は連動して、胃液、胆汁や膵液の分泌が活発になる。

B.　横隔膜が固くなると、内蔵の連動は不活発になって、胃液、胆汁や膵液の分泌は衰える。

しかし、そういった部位のことでなく、五体・五感・五蘊である身体に、横隔膜を震るわせる影響が大いにあるとすれば、横隔膜は単に医学的部位や部分でなく、人の気分をよくし、気根を養い育てるきっかけとなる、身体の中枢部位だとみなしてもよいと思われる。このような仮説——あえて仮説というが——を構想すると、**気根（生の根っこ）と横隔膜は、気分を切点あるいは切線として、力動的に交感し交流し、融通《ずう》し合っている**と思えるのである。しかし、問題は、横隔膜を震るわせられる社会が、どうしたら可能か、ということに尽るのである。心から笑えない社会ならば、逆に社会のせいにせず、世間の雰囲気に同化せず、まずは自分の実存的気根を、自分でしっかりと育てる気力をもつことであろう。のび太にならず、ニートにならず、フリータに留まらず、気分をきっかけとして、気根を育てて自立することであろう。気根をもて！

## コンマには先がある

### 5 人生はコンマの連続だ

これまで、私は気分や気根の話を、あれこれと語ってきた。気分は模然としたものだが、それでいながら私たちの生きがいに、ときには決定的な影響をおよぼしている。私たちは、横隔膜を震るわせるような、心から、腹の底から、腹を抱え、腹をゆすって笑い、その笑いが満面、表情に表れる生活をしたい。

感じは受身的な使い方が多いが、気は気構えという言葉ひとつとってみても、積極的な使い方が多い。その気の元である、**生の根っこである気根を育てよう。そのきっかけは、横隔膜を、いかにして震るわせられるか、にかかっている。**

〝逢うは別れの始めとて〟、という語句があるが、出逢いは人生航路のコンマ（句読点）だ。そして別れも、これまたコンマだ。敢えていえば、結婚はコンマだ。そして離婚もコンマだ。だから、再起はいつも可能である。人生は偶然に包まれているから、何事も解決して先へ進むことは難しい。決断し、征服して前進することも必要だ。**障害にぶっかったときには、その時**

**点をピリオド（終止符）として諦めず、コンマだと読んで先へ進むことだ。**失敗もコンマだし、成功もコンマだ。まだ先に大きな成功を目ざせるからだ。

## 幼稚な大人はマン・ベイビーか

かつて、マン・チャイルド（man・child）という言葉が話題になった。大人の子供化、子供になった大人、幼稚な大人という意味だろうか。現在はその現象を超えて、マン・ベイビー（man・baby）という言葉が話題になる状況がある。幼稚さは、そこまでに及んでいる様相が感じられる。世の中の事件は、マン・ベイビーが起こしている。

のび太よ、フリーターよ、ニートよ、自分の気根を育てて、自立する気構えをもとう。自ら気構えをもつことなくして、きっかけはつかめない。気がなければ、きっかけも見逃してしまう。まずは、切っ掛けを作ろう。

現代は、一定の価値観や文化の言語ゲームは失《う》せている。いや、あるとすれば、数量の価値観である。お金信仰だ。超大企業間でも、資本の提携や買収が行われている。企業で毎日を、懸命に働いている人びとは、この資本の論理の中で、荒波にゆさぶられている木の葉のようだ。数量の競争社会は、どこまで続くのだ。私たちは、木の葉ではないのだ。

## よし、これが人生だ

このような現代に生活している私たちは、各自、自分の気根を実存的な気根として構え、困難な環境の中で、臆せず、屈せず、人生はコンマだ、と覚悟を決めて生きていくしかない。よし、これが人生だ、と。

犯罪は、単独ならば自己責任だが、組織犯罪に加わるのも、もちろん自己責任である。なぜなら、ものごとを決める元となる気根は、個人の根っこに根づくものだからである。個人（individual）は、divide分ける、individe分けられない、の名詞形である。個人主義（individualism）は、単なる利己主義であってはならない。気根に根ざす個人は、気を介して、社会の共通・共生の雰囲気の中でなごむことができる。私たちは、社会の中で共通根（共通感覚、自然のうちに根を下ろしている理性）をもつことができるのである。「私は私、貴方は貴方、されど仲よし」である。このような気根を養いながら、困難な時代に耐えて、共生の社会を、人間の社会を、ともに横隔膜を震るわせられる社会を目ざそうではないか。

資本の論理に従う人間ロボットに、勝ち組も負け組もない。同じロボット仲間の同士討ちだ。私たちは逆に、資本の論理に使役されてきた人間性を回復し、資本の論理をロボット化して操作する人間に、いかにしたらなりうるか。この設問こそ、疎外論の最大のテーマではなかろうか。

○　○　○　○　○

この本をまとめている最中にも、気根がカリエス（気腫瘍）症状になっていくことから起こると思えるような事件が、次々と発生している。

親子、兄弟、夫婦か、友人知人か、見知らぬ人かに区別なく、彼らのあいだに疎ましい感じや気分が色濃くなっているように思える。

この疎外気分は、かつて実存主義で流行した疎外論の意識と、ちと似ているように思える。たとえば、フランスのノーベル文学賞作家、アルベール・カミュ（1913―1960）が、『異邦人』（1942）で描写した主人公ムルソーの行状である。カミュは、人との関係が疎ましいことから起こすムルソーの行状を、そこまで意識を尖鋭化していくことによって、それを乾いた文章で表現している。だが、現代人の疎外気分は、ムルソーのとは似ても似つかないものだ。

## 〈切れる〉には脳溢型と脳梗型がある

封建制の支配していた時代に、妻はときに切れた。夫はうちのかみさんヒステリーでね、と苦笑気味に人に話す。妻は我慢の末に切れるのだ。ゴムひもがぷっつんと切れるように。

現代の若者はどうか。彼らはよく切れるという。この切れることが犯罪の動機にされる。我慢強さや忍耐力が弱くなっているからだという。ドラえもんに飼育されたのび太の子孫は我慢強さや忍耐力を養っていない。だから切れる。欲しいものがあれば、短絡（短道）行為に走る。確かに、コンビニのレジや自転車の前カゴから現金を強奪する行為は、その種の説明がつく。

しかし血〈気〉が高ぶって切れることからくる犯罪は、たとえていえば脳溢血型だ。だが、血管が切れずして起こす犯罪がある。それは、脳梗塞《のうこうそく》型だ。血管が詰まって、血流が管の外にじわじわと染み出ていく。カリエス症候群とは、いわばこの型である。気根が一種の脳梗塞に冒される。痛んだり腐りかけているゴムひもに、切れるという表現は不適当だ。

すべてがうざい、疎ましい。だが疎ましいから犯罪に走るのは、切れるからではない。他人からは切れているとみえても、当人には、切れている、切れて犯行に走った、という明確な自覚はない。あるのはただ、疎ましい気分や感じである。

## 現代社会の疎ましさ

だから、現代社会で起こっている疎ましさの感じや気分は、単に意識の統合失調症ではない。喜怒哀楽とか知情意を統合する〈気根〉が、カリエス症〈気腫瘍症〉に罹《かか》っているからである。放っておくと、気根は腐って膿《うみ》が出て、溶けていく。陰性気分は身体中にみなぎり、善と悪の分別は、モラル・センスにあるか、理性にあるかを問わず、稀薄になり喪失していく。

事件簿に載る犯罪者たちは、犯行をこのような症状で実行しているとすれば、当人も、どうしてそのような事件を犯したのか、判然とすまい。問われれば、分からない、と答えるしかないであろう。事件の捜査担当者も、事件の評論家も、犯行を整合的に説明できない。この種の事件は、必ずしも確信犯のやったことではないからだ。犯行は、ただ疎ましいからやったのだから。疎ましさの気分は、気腫瘍症にある。

## 気腫瘍症候群の雰囲気が色濃くなっている

都会と地方、密集と過疎に関係なく、また老若男女にも区別なく、気腫瘍症候群の雰囲気が色濃くなり、深まっている。何度も引用したが、〈一葉落ちて天下の秋を知る〉たとえは、ものごとを統計的数値で査定できないことを伝えている。雰囲気や気腫瘍症の濃度を測定する計器はない。そんな類《たぐい》の事例はいつの世にもあったことだ、ではことの本質を洞察できないであろう。

脳が笑うには

横隔膜が震えれば（笑えば）、顔にも笑いの表情が深まる。そうすれば、知情意を統括している脳も活性化する（笑っている脳のイメージが浮かぶ）。脳は笑うのだ（一五六頁の［図19］参照）。脳は左脳も右脳も笑うのだ。笑いは、知情意を活性化する。しかし、脳は笑いの機能を奏鳴するキー盤を備えているが、笑う気分になれなければ、脳のキー盤は作動しない。気分よくキーをたたく人がいなければ、脳は笑いのメロディーを奏鳴することはできない。笑いを奏鳴する元は、気根にあるからである。笑顔《えがお》の元は気根だ。したがって気腫瘍症の治療はまず、〈私である身体〉の中枢、横隔膜を震るわせることから始まるのである。

# おわりに

こんな文章をつづってみた。

「ある朝、現代社会の批評に強い関心をもつ男は、いつものように新聞に目を通しながら、夢想に耽っていた。

もし私に、想像力豊かな風刺批評ができれば、『カンディド』の現代版が書けるのに」。

『カンディド』（1759）は、18世紀フランスの啓蒙主義の代表的思想家・文学者、ヴォルテール（1694―1778）の作品である

彼がこの小説を書く起因は、リスボンの大地震（1756・11・1）にあったといわれる。この大地震は、大津波と大火災を併発して、死者は5万を超えたという。この大災害のニュースは、ヨーロッパの思想界にも驚怖と懐疑を引き起こした。

しかし、この自然の暴威と人びとの惨事に対して、当時のヨーロッパを支配していた教会は、神の訓戒を、また当時のヨーロッパに君臨していたライプニッツの汎神論的形而上学は、楽天的目的論（予定調和観）を述べたてるしかなかった。。

これに対してヴォルテールは、逆に偶然的楽天論を地で行く若者、カンディドを主人公とした、波乱万丈で奇想天外な出来事を描いた風刺小説を書いたのである。その中味は、カンディ

ドの出逢う、あるときはハチャメチャな、またあるときは残酷・淫乱な出来事を、ふんだんにきわめて冒険的に描いている。

そして終末には、ヴォルテール自身が望む、ささやかで平和な現実生活に精を出す人びとの場面が描かれている。

本の扉にのせた「口元」の表情（陽性気分）と、『カンディド』に出てくる混迷混乱した人びとを想わせる現代人の表情（陰性気分）。この本の意図は、この二つの表情の根となる気分を対比させることにある。そして、表紙の家族の笑いは、現代人のささやかな平和の気分をみせる表情とした。

この本を出すにあたっては、原稿の段階から、朝日出版社の田家　昇さんに大変お世話になった。ここに記して感謝しておきたい。

二〇〇六年八月下旬

著　者

# 著者紹介

**山口　勲**　YAMAGUCHI ISAO

1931年　東京に生まれる
1954年　学習院大学　文学部　哲学科　卒業
1956年　京都大学大学院　文学研究科　修士課程（哲学専攻）修了

高校の教員　大学の非常勤　そして大学の専任を勤めたが、一貫した研究姿勢は、フリーランサー。独立不羈《ふき》の〈批評の精神〉を重んじる態度。したがって、たとえ著名な人の業績でも、批評する精神をもって読むことを心掛ける。それを著者は、孤独と苦渋の道であるという。

●主な著書

『西洋哲学思想史』1963年
『倫理——超越と淪落の間』1989年
『あいだの現象学——人間の研究』1992年
『裸形の現象学——身体の思想』2002年

●主な論文

大学、大学院の卒論はカント。その後、次第に自覚してきた研究テーマは、〈超越か淪落か〉に対して、〈超越と淪落のあいだ〉。精神的にも、社会環境的にも、あいだの生活空間をできるだけ広げることが、人びとの幸福な人生になる、という思想。

「規範の復権——試論」1969年
「ウィトゲンシュタインの後期哲学について」1971年
「ケインズの思想——〈若き日の信条〉を中心として」1972年
「カフカの世界」1973年
「ウィトゲンシュタイン：大洋の測量技師——逆限定のパトス」1978年
「ウィトゲンシュタインの思想を理解するために」1979年
「ヤスパースとフッサール」1980年
「高橋和巳論—虚無僧のパトス」1986年

●主要エッセイ

「発想の転換を求めて——カフカとウィトゲンシュタイン」1978年
「漫画の倫理学：〈べし〉と〈のび太〉」1984年
「悪の陳腐さについて——ドイツ強制収容所を訪ねて」1984年
「不安な近未来」1985年

朝日出版社のホームページ
http://www.asahipress.com

# 人生は気分の言語ゲームだ

2006年11月18日　初版第一刷発行

著者　山口　勲

発行者　原　雅久
発行所　株式会社　朝日出版社
101-0065東京都千代田区西神田3-3-5
電話（03）3263-3321
URL http://www.asahipress.com
振替口座　00140-2-46008

カバーデザイン：小島トシノブ（NONdesign）
DTP：越海辰夫（越海編集デザイン）
印刷・製本：日経印刷

PRINTED IN JAPAN